城市交通系统可持续发展路径研究

黄 莹 廖翠萍 焦建东 著

人民交通出版社

北京

内 容 提 要

本书面向碳达峰碳中和以及空气质量达标背景下实现城市交通系统可持续发展的重大需求，系统阐述了城市交通系统可持续发展路径研究的思路和方法，并以广州市为案例，构建了LEAP-广州交通双达模型，预测了广州市交通系统未来的二氧化碳和主要空气污染物排放趋势，评估了交通可持续发展关键技术措施的减排协同效应和减排成本，最终提出了广州市交通系统可持续发展路径和政策建议。研究成果为广州市交通系统减污降碳工作的开展起到了重要的支撑作用，相关技术和方法对我国其他城市交通系统可持续发展路径的选择以及政策的制定具有重要的借鉴作用。

本书可供交通运输部门管理人员、从业人员，以及交通和能源相关领域研究人员借鉴和参考，也适合相关专业的本科生、研究生学习和参考。

图书在版编目(CIP)数据

城市交通系统可持续发展路径研究 / 黄莹，廖翠萍，焦建东著. — 北京：人民交通出版社股份有限公司，2025.3. — ISBN 978-7-114-20033-5

Ⅰ. U491.2

中国国家版本馆 CIP 数据核字第 2025YD9109 号

Chengshi Jiaotong Xitong Kechixu Fazhan Lujing Yanjiu

书　　名：	城市交通系统可持续发展路径研究
著 作 者：	黄　莹　廖翠萍　焦建东
责任编辑：	牛家鸣
责任校对：	龙　雪
责任印制：	张　凯
出版发行：	人民交通出版社
地　　址：	(100011)北京市朝阳区安定门外外馆斜街3号
网　　址：	http://www.ccpcl.com.cn
销售电话：	(010)85285857
总 经 销：	人民交通出版社发行部
经　　销：	各地新华书店
印　　刷：	北京建宏印刷有限公司
开　　本：	787×1092　1/16
印　　张：	7.75
字　　数：	185千
版　　次：	2025年3月　第1版
印　　次：	2025年3月　第1次印刷
书　　号：	ISBN 978-7-114-20033-5
定　　价：	80.00元

(有印刷、装订质量问题的图书，由本社负责调换)

前 言
PREFACE

随着经济社会活动持续升级以及城镇化进程的加快,我国的温室气体排放和大气环境质量形势严峻。在工业与能源供应结构调整、技术升级改造等措施实施多年之后,传统工业行业的温室气体和空气污染物排放增长速度逐渐放缓。交通系统逐渐成为我国温室气体和空气污染物排放的主要部门,并且随着经济的持续快速发展和人们生活水平的日益提升,未来交通系统的能源消费和排放压力仍会呈增长趋势。交通系统将逐渐成为我国实现碳达峰碳中和和空气污染物排放达标的重点和难点。

城市作为物质和能源消耗最集中的地区,是温室气体和空气污染物排放的最主要来源,同时也是受气候变化和空气污染影响最大的地区之一。随着城市化进程的不断加快,我国各城市的交通运输业持续快速发展,导致温室气体和空气污染物的大量排放。如何协同控制交通系统的温室气体和空气污染物排放成为我国各城市可持续发展关注的热点。有必要针对城市交通系统开展二氧化碳和空气污染物协同减排路径研究,以有效防控交通运输业迅猛发展带来的气候变化和空气污染。

在能源基金会的支持下,中国科学院广州能源研究所联合广东省交通运输规划研究中心,合作开展了"实现碳达峰及空气质量达标双重目标下广州交通系统可持续发展路径研究"项目,以广州市为案例探索城市交通系统可持续发展路径。该项目在准确掌握广州市交通系统二氧化碳和空气污染物排放现状基础上,通过构建LEAP-广州交通双达模型,分析了不同发展情景下广州市交通系统未来的二氧化碳和主要空气污染物排放趋势,系统评估了交通系统可持续发展关键技术措施的减排协同效应和减排成本,最终提出广州市交通系统可持续发展路径和政策建议,以期推动广州市交通系统减污降碳工作,为实现我国碳达峰碳中和目标和广州市空气质量达标提供支撑。

本书依托能源基金会项目"实现碳达峰及空气质量达标双重目标下广州交通系统可持续发展路径研究"部分研究成果编写。全书以广州市交通系统可持续发展路径研究为例,系统阐述了城市交通系统可持续发展路径研究的思路和方法,包括城市交通系统二氧化碳和空气污染物排放现状特征分析方法、基于情景的未来排放预测方法、减排潜力分析以及减排协同效应分析方法等,是项目研究内容的深化和提炼。本书共分8章。第1章介绍城市交通系统可持续发展路径研究的背景、意义和国内外研究进展;第2章介绍研究思路、主要研究内容和研究方法;第3章基于传统统计数据,分析广州市交通系统的二氧化碳和空气污染物排放现状特征;第4章选取广州市典型路段,基于交通大数据,分析道路交通的二氧化碳和空气污染物排放现状特征,并提出精细化管理建议;第5章通过模型构建和情景分析,测算广州市交通系统未来的二氧化碳和空气污染物排放趋势和减排潜力,明确可持续发展的重点方向;第6章定量评估广州市交通系统可持续发展关键技术措施的二氧化碳和空气污染物减排协同效应和经济性;第7章提出广州市实现交通系统可持续发展路线图,以及市内客运、城际客运和货运交通可持续发展的目标和路径;第8章系统提出广州市交通系统可持续发展的政策建议。

本书涉及的城市交通系统能源消费以及二氧化碳和空气污染物排放数据均为作者根据公开来源数据计算分析得到,同时也得到了国家发展和改革委员会能源研究所胡秀莲研究员、中山大学刘永红教授、广东省技术经济研究发展中心陈子教研究员、广州市环境保护科学研究院黄继章高级工程师、宇恒可持续交通研究中心姜洋主任等专家的宝贵支持和帮助,编写过程中参考了大量的书籍、论文和研究报告,在此一并对各位专家学者和相关作者表示衷心感谢!本书结论和建议仅代表作者的观点,不反映所属机构和单位的立场。若有疏漏和不当之处,敬请批评指正。

作　者
2024 年 5 月

目 录
CONTENTS

第1章 绪论 ... 1
    1.1 研究背景 ... 1
    1.2 研究意义 ... 2
    1.3 国内外研究进展 ... 3

第2章 城市交通系统可持续发展路径研究思路与方法 ... 7
    2.1 研究思路 ... 7
    2.2 主要研究内容 ... 8
    2.3 研究方法 ... 9

第3章 广州市交通系统能耗和排放现状 ... 14
    3.1 发展现状 ... 14
    3.2 能耗现状 ... 17
    3.3 二氧化碳排放现状 ... 18
    3.4 空气污染物排放现状 ... 20

第4章 基于大数据的广州市道路交通能耗和排放特征 ... 22
    4.1 基于大数据的道路交通能耗和排放测算方法 ... 22
    4.2 国内城市交通能耗和排放监测经验 ... 24
    4.3 基于大数据的广州市道路交通能耗和排放测算思路与方法 ... 28

4.4	基于大数据的广州市典型道路能耗和排放分析	32
4.5	广州市道路交通减排重点方向	41
4.6	广州市道路交通精细化管理建议	41

第5章 广州市交通系统二氧化碳和空气污染物排放情景分析 — 44

5.1	城市交通系统二氧化碳和空气污染物排放模型构建	44
5.2	广州市交通系统二氧化碳和空气污染物排放情景设置	45
5.3	广州市交通系统二氧化碳和空气污染物排放参数设置	46
5.4	广州市交通系统二氧化碳排放情景分析	49
5.5	广州市交通系统空气污染物排放情景分析	53

第6章 广州市交通系统减排协同效应分析 — 69

6.1	可持续发展关键技术措施筛选	69
6.2	可持续发展关键技术措施减排协同效应分析	80
6.3	可持续发展关键技术措施减排成本分析	91

第7章 广州市交通系统可持续发展路径 — 97

| 7.1 | 可持续发展路线图 | 97 |
| 7.2 | 可持续发展路径 | 100 |

第8章 广州市交通系统可持续发展政策建议 — 105

参考文献 — 107
索引 — 118

第1章 绪论

1.1 研究背景

人类活动引起的全球气候变暖和空气污染已成为世界各国可持续发展面临的重要问题[1]。城市化是现代社会发展的主要特征之一。城市作为物质和能源消费最集中的地区,是温室气体和空气污染物排放的最主要来源,同时也是受气候变化和空气污染影响最大的地区之一。研究表明,全世界一半以上的人口都聚集在仅占全球陆地面积3%的城市地区[2]。根据联合国政府间气候变化专门委员会(Intergovernmental Panel on Climate Change,IPCC)第五次评估报告(2014年)和不同的研究显示,城市能源消费量约占全球能源消费总量的67%~76%,由此产生的二氧化碳排放占到全球排放总量的71%~76%,同时,排放物也导致了空气污染的加剧。预计到2050年,世界人口的70%都将成为城市居民[3],人类的生产和生活活动将进一步集中在城市地区。因此,未来能否解决气候变暖和环境污染问题,是城市能否可持续发展的先决条件。在应对气候变化、转变发展方式的过程中,城市的发展模式和发展轨迹成为全球可持续发展关注的焦点。

随着城市化进程的持续加速以及经济社会活动的不断升级,交通运输业已逐渐成为全球终端能源消费的第二大部门,同时也是温室气体和空气污染物排放的主要贡献者[4]。根据国际能源署(International Energy Agency,IEA)的统计数据,2021年,交通运输业的能源消费已占到全球终端能源消费总量的27.1%,其中90.6%为石油消费,约占全球石油消费总量的62.5%,由此产生的二氧化碳排放约占全球人为二氧化碳排放总量的22.47%[5]。移动源也被认为是氮氧化物(NO_x)、细颗粒物($PM_{2.5}$)、二氧化硫(SO_2)等空气污染物的主要来源。交通运输能耗的快速增长及其对石油的高度依赖,使城市可持续发展陷入瓶颈,如何实现交通系统的二氧化碳和空气污染物减排成为国内外城市关注的重点。

作为世界上最大的发展中国家,中国非常重视气候变化和空气污染问题,提出了严格的碳排放减排目标和空气质量达标目标,计划到2025年全国地级及以上城市$PM_{2.5}$浓度比2020年下降10%,重度及以上污染天数比率控制在1%以内;NO_x和挥发性有机物(VOCs)排放总量比2020年分别下降10%以上[6]。力争2030年前实现碳达峰,2060年前实现碳中和。但随着城市化进程的不断加快,中国各城市的交通运输业持续快速发展,导致温室气体和空气污染物大量排放。交通运输业已经成为中国仅次于电力和工业的第三大温室气体排放源[7]。据统计,2005—2021年间中国交通运输业由能源消费产生的二氧化碳排放增长了1.4倍,年均增长5.7%,远超过全国二氧化碳排放总量的增长速度[8]。同时,以交通工具为主的移动源排放的尾气也是中国大中城市空气污染的重要来源,其贡献率超过了25%[9]。深圳、北京、杭州、济南、广州和上海的移动源排放已成为$PM_{2.5}$的首要来源,分别占到各市$PM_{2.5}$排放量的52.1%、46%、35.6%、31.2%、29.8%和29.2%[10]。如何协同控制交通系统的温室气体和空气污染物排放成为我国各个城市实现可持续发展的重点和难点。有必要针对城市交通系统开展二氧化碳和空气污染物减排路径研究,以有效应对交通运输业快速发展对气候变化和空气污染产生的影响。

1.2 研究意义

广州是我国华南地区的中心城市,同时也是粤港澳大湾区和泛珠三角经济区的核心城市以及"一带一路"的枢纽城市,经济持续快速发展,2023年的地区生产总值突破3万亿元大关。但经济的高速发展也带来了二氧化碳和空气污染物排放的快速增长。2010年以来,广州市能源消费产生的二氧化碳排放量由9320万t增长至2019年的9860万t,年均增幅0.6%。受新冠疫情的影响,2022年广州市二氧化碳排放小幅下降至9358万t。同年,广州市NO_x、$PM_{2.5}$、VOCs、SO_2等空气污染物排放量分别达到83768t、6556t、57223t、2413t,同比下降6%~20%[11]。

交通运输是促进广州市经济高质量发展和满足人民生活幸福度提升的重要支撑和保障。广州市拥有我国第三大国际枢纽机场、国家沿海主枢纽港、第四大铁路客运枢纽以及华南地区最大的公路主枢纽,是国际综合交通枢纽、国家综合运输服务示范城市和公交都市,交通运输体系完整,交通运输方式种类齐全。

交通运输业的快速发展使其逐渐成为广州市温室气体和空气污染物的重要排放源。2010年以来,广州市交通系统能源消费产生的二氧化碳排放占全市二氧化碳排放总量的比例已由16.7%增长至2019年的28.5%,受新冠疫情的影响,2022年这一比例回落至26.0%。同时,交通系统贡献了广州市NO_x排放量的67.9%、VOCs排放量的16.5%、$PM_{2.5}$排放量的11.3%、SO_2排放量的19.8%[12]。未来,随着经济的进一步发展,来自生产、生活的运输需求将持续上升,交通系统的二氧化碳和空气污染物排放也将快速增长,并成为制约广州市助力实现"双碳"目标和空气质量达标的最主要因素。因此,迫切需要开展交通系统二氧化碳和空气污染物减排研究,系统分析交通系统未来的二氧化碳和空气污染物排放变化趋势和减排潜力,定量评估关键技术措施的减排贡献及成本,为广州市交通系统可持续发展路径的制定提供科学依据,也为其他城市交通系统可持续发展路径的研究提供经验借鉴。

1.3 国内外研究进展

1.3.1 交通系统碳减排相关研究进展

1) 研究内容

在全球能源供应体系不断演变和应对气候变化进程不断推进的大背景下,国内外学者针对交通系统的低碳发展路径开展了大量的研究工作,并为各国交通可持续发展提供了政策支撑和决策支持。英国在发布《英国低碳转型计划》(The UK Low Carbon Transition Plan)的同时,专门出台了《低碳交通:更绿色的未来》(Low Carbon Transport: A Greener Future),并发布了《交通脱碳:更好、更绿色的英国》(Decarbonising Transport, A Better, Greener Britain),制定交通行业到 2050 年实现净零排放的路线图,提出将在 2040 年前逐步停止销售新的柴油和汽油重型货车,并确保国内航空净零排放[13]。日本将交通的低碳化转型作为建设低碳社会的重要行动计划之一[14]。欧盟[15]和巴西[16]也将交通运输部门作为 100% 可再生能源系统模型的重要组成部分。国外学者也积极开展研究,系统分析燃料替代、能效提升、运输结构调整等措施的节能减排效果,从而确定交通系统的低碳发展路径。如 Selvakkumaran 等[17]分析了泰国道路交通部门在低碳情景和排放税情景下到 2050 年的节能减排潜力;Tattini 等[18]评估了运输模式转变等措施对丹麦交通部门脱碳的影响;Johansson[19]、Schlott[20]等人分别探讨了客运和货运交通的碳中和路径。

我国学者也对交通系统的低碳发展进行了大量研究。2001 年,朱跃中[21]探讨了可能影响中国交通运输能源消费与碳排放的主要不确定因素,并采用情景分析的方法对中国交通运输部门中长期的能源发展和碳排放发展趋势进行了预测分析。2017 年,朱跃中等[22]开展了我国交通运输部门能源重塑研究,广泛借鉴国内外交通领域的前沿研究、先进理念、成熟技术、政策经验等,对中国交通系统到 2050 年的低碳发展路径和效果进行了分析,定量估算了天然气车船、电动汽车、生物燃料等替代燃料技术的节能减排潜力。随后,刘俊伶等[23]对中国交通运输部门的中长期发展路径进行了研究,开始了对我国交通系统二氧化碳排放峰值的探索。随着碳达峰碳中和目标的提出,交通系统的深度脱碳路径成为研究的重点。刘建国等人[24]分析了"双碳"目标下我国交通的脱碳路径,指出交通系统助力实现碳达峰碳中和目标,需要以"一油独大"转向以电力为主、氢能为辅、天然气和生物燃油为过渡的用能格局,实现到 2050 年油品消费归零。欧训民等[25]总结了道路运输、民航运输和水路运输领域关键替代燃料技术,并分析了碳达峰碳中和目标下各关键替代燃料技术的发展趋势和减排效果。黄莹[26]、张海亮[27]、张润森[28]、张文会[29]等分别对粤港澳大湾区、山西省、常州市以及哈尔滨市的交通领域低碳发展路径进行了分析。

2) 研究方法

从研究方法来看,已有研究多采用自上而下的宏观预测和自下而上的微观预测方法分析交通领域低碳发展路径。其中，自上而下的宏观预测方法，是从宏观经济角度出发，以价格、弹性为主要的经济指数，集约地表现它们与能源消费和生产的关系，通过分析经济发展对各部门的影响来给出宏观经济变化所引起的能源系统供求关系的变化。该类方法以市场经济理论为基础，对节能减排技术的分析较为薄弱，代表性的模型包括可计算的一般均衡（Computable General Equilibrium，CGE）模型[30-31]、投入产出模型[32-33]、系统动力学模型[34-35]等。

自下向上的微观预测方法，则以能源消费、生产方式为主进行供需预测和环境影响分析。该类方法通过预测技术创新或新能源的使用，来对具有成本优势的能源技术进行选择分析，非常适合对温室气体减排做技术评价。典型的微观预测模型包括综合能源系统优化模型（MARKAL）、亚太地区综合评价模型/终端技术模型（AIM Enduse）和长期能源替代规划系统（LEAP）等。其中，MARKAL模型侧重于提出分配机制的优化建议[36-37]；AIM Enduse模型以技术为中心，侧重于对具体技术设备的选择[38]；LEAP模型针对终端能源消费的全过程，从能源供应结构、能源技术水平、能源需求等环节，综合评价各种技术和政策措施对节能减排的影响[39-41]。

1.3.2 交通系统空气污染物减排相关研究进展

1）研究内容

交通运输是空气污染物排放的主要来源之一。目前，与交通系统空气污染相关的研究主要集中在道路交通领域。根据欧洲环境署2011年发布的《特定空气污染物排放量》报告[42]，随着电力、氢能、混合动力等替代燃料机动车的出现，道路交通的污染物排放减少最为显著。然而，现阶段道路交通仍然是交通系统污染物排放的主要来源。同时，船舶排放的空气污染物也不容忽视。国际海事组织2014年发布的《国际海事组织第三次温室气体研究：执行摘要和最后报告》中指出，船舶排放的氮氧化物、硫氧化物和颗粒物占全球人为排放的比重分别为15%、13%和11%[43]。

针对交通系统空气污染物减排的研究，主要集中在对减排政策的评估，并提出相应的减排改进建议。例如，Zhang Q等[44]通过定量评价京津冀地区$PM_{2.5}$、PM_{10}、氮氧化物（NO_x）、碳氢化合物（HC）和一氧化碳（CO）的减排潜力，发现提高排放标准和燃料质量是减少空气污染物排放最有效的政策。Sun S等[45]研究得出，调控机动车数量是天津市减少机动车VOCs和SO_2排放最有效的措施。Xie Y等[46]发现新能源汽车补贴水平与城市空气质量之间存在关系，补贴规模每增加1%，城市空气质量水平将提高0.15%左右。Jia S[47]的研究结果表明，对北京城市交通实行空气污染收费、罚款和补贴相结合的战略具有经济、环境、社会和健康效益。

2）研究方法

从研究方法来看，已有对于交通系统空气污染物排放的研究多采用回归分析等统计学方法分析不同措施对空气污染物的影响机制。例如，袁韵等[48]利用滴滴出行的大数据，采用断电回归模型分析了交通拥堵与空气污染的交互影响机制；刘莹等[49]采用交通指数与基于车辆比功率的机动车污染物排放相关联的分析方法，通过分析交通指数与微观车辆行程速度分布的一致性规律，利用海量逐秒运行工况数据和车辆排放特征数据，建立了机动车辆在实际道路上运行速度与排放强度之间的关系，并以北京市为例对小客车氮氧化物排放强度的影响因素进行了分析;Gendron Carrier N 等[50]和 Xiao De 等[51]采用空间双重差分等方法分析了地铁的开通对城市空气污染的影响,结果表明,在初始污染水平较高的城市,地铁的开通可使市中心周边城市的颗粒物减少4%,但这种影响随着与市中心距离的增加而减弱,而对于污染较轻的城市,这种影响几乎为零;李冰[52]通过系统动力学模型,对公共交通优先发展、收费、公共宣传、技术发展等减排策略的中长期效应进行了动态仿真,并对策略进行优化,提出最具环境、经济、健康效益的策略。

1.3.3 交通系统减排协同效应相关研究进展

1)研究内容

传统化石能源的燃烧是造成温室气体和空气污染物排放的主要原因,因此,温室气体和空气污染物被认为具有同根同源性的特征,二者的相关性和协同效应逐渐受到学术界和政府部门的关注。一般而言,协同效应定义为实施某项单一政策或措施后,不但可以实现其目标效益,还可以达成多种其他效益[53]。在可持续发展领域的"协同控制",指基于空气污染物和温室气体之间的关联性特点,某项控制措施实施后,获得同时减排二氧化碳和空气污染物,并降低技术和管理成本等多种协同效应。

国际上认识污染物与温室气体的协同关系从21世纪初开始。在IPCC第三次评估报告(2001年)中首次明确提出了"协同效应(Co-benefits)"的概念[54],并在第五次评估报告(2014年)中具体总结了温室气体减排政策措施的空气污染物减排协同效应[55]。随后协同效应常被用于对温室气体和局地空气污染物减排问题的探讨。协同效应分析方法为定量评价和全面制定区域环境管理及气候变化综合政策提供了新的视角,已逐渐成为区域可持续发展的重要政策工具[56]。

目前,针对交通系统的温室气体和空气污染物协同控制效应研究主要集中在道路交通领域。例如,国外学者 Dhar S 和 Shukla PR[57]、Alam M S 等[58]、Saidur 和 Mahlia[59]、Ribeiro 和 Abreu[60]、Panwar M 等[61]分别对印度、爱尔兰、马来西亚、巴西、新德里等国家和城市开展了机动车温室气体和空气污染物排放的协同控制效应研究,我国学者 Tian X 等[62]、Liu 等[63]、李云燕等[64]、Geng Y 等[65]、Jiao Jiandong 等[66]、高玉冰等[67]分别对中国、珠三角地区、北京、沈阳、乌鲁木齐等不同层面开展了道路机动车减排协同效应分析。

交通系统涵盖道路、轨道、航空和水路等多种运输方式,为了更全面地探讨交通系统的减排协同效应,陆潘涛等[68]分析了中国交通运输部门在2050年的节能减排协同效应,认为对于航空和水运部门的污染物减排潜力较小;韩博等[69]分析了中国民航二氧化碳与氮氧化物减排协同效应;朱利等[70]分析了港口利用太阳能、风能、地热能、液化天然气(LNG)、电力等清洁能源替代燃油后的二氧化硫和二氧化碳协同减排效果;Mao X Q 等[71]分析了碳税、能源税、燃油税等共性政策措施的减排协同效应。

2)研究方法

从研究方法来看,交通系统温室气体和空气污染物减排协同效应的研究方法主要包括减排量交叉弹性系数和协同控制效应坐标系等。协同控制效应坐标系可以直观反映温室气体以及不同污染物的协同减排效果,而减排量交叉弹性系数则可以量化相关的协同效应[72]。例如,Liu Y H 等[73]通过协同控制坐标系和交叉弹性系数等定量分析方法,得出更新排放标准是中国珠三角地区减少机动车温室气体和空气污染物排放最有效的政策;Alimujiang A 和 Jiang P[74]利用协同控制坐标系和空气污染物减排量交叉弹性系数,识别和评价了通过在上海市推广电动私家车、出租汽车和公共汽车来减少二氧化碳和空气污染物排放的协同效应;邱凯等[75]通过协同效应坐标分析和减排比例分析,测算了不同措施对昆明市交通领域二氧化碳和空气污染物的减排协同性;杨儒浦等[76]借用协同发展理论中的协同度指标,以唐山市为例测算了城市交通温室气体和空气污染物协同减排潜力。

此外,减排成本也是减排协同效应分析关注的重点。已有研究多采用边际成本来代表技术措施的减排成本,并绘制边际减排成本曲线进行形象化展示[77]。例如,许光清等[78]定量测算了北京市促进黄标车淘汰政策和深圳市新能源汽车推广政策的温室气体和空气污染物的协同效应和成本效益;Jiao Jiandong 等[79]分析了广州市 22 项措施的二氧化碳和空气污染物减排协同效应和减排成本;毛显强等[80]在分析交通等行业温室气体与空气污染物协同控制潜力的基础上,采用单位污染物减排成本指标对措施的减排成本进行了定量评估,绘制并依据边际减排成本曲线进一步开展协同控制成本-效果优化规划。

1.3.4 国内外研究进展综合评述

协同控制温室气体和空气污染物排放是城市交通系统实现可持续发展的重要途径。已有关于交通系统减排协同控制的研究多集中于道路运输领域,缺乏对于整个城市交通系统(包括公路运输、铁路运输、航空运输和水路运输)的减排协同效应、成本协同效应的综合分析。因此,在碳达峰碳中和、空气污染物达标、低成本等多目标约束下,有必要探索整个城市交通系统可持续发展的最优路径。

为了弥补以往研究的不足之处,本书选择交通运输类型齐全的广州市为案例,系统分析城市交通系统的二氧化碳和空气污染物减排潜力、减排协同效应以及减排成本,以此为依据对减排措施进行优先排序,最终提出广州市交通系统可持续发展路径和政策建议,推动城市助力碳达峰碳中和目标和空气质量达标的实现。

第 2 章

城市交通系统可持续发展路径研究思路与方法

2.1 研究思路

城市交通系统的可持续发展路径探索需要考虑社会、经济发展、用能技术和消费行为等多方面的因素。本书以广州市为例,通过调研交通运输管理部门、企业、研究机构等,准确掌握交通系统能源消费以及二氧化碳和空气污染物排放现状,并以交通大数据为基础,详细分析道路交通的能耗和排放特征;在此基础上,以综合分析交通低碳发展与空气污染防治的协同效应为目标,采用情景分析方法,分析在碳达峰和空气质量达标双重约束下,广州市交通系统未来的二氧化碳和主要空气污染物排放趋势;针对性筛选广州市交通可持续发展关键技术措施,综合评估关键技术措施的减排协同效应和减排成本,设计广州市交通系统可持续发展路径并提出政策建议,为实现城市碳排放达峰和空气质量达标的目标提供支撑,为国内城市交通系统可持续发展路径的研究提供方法和经验借鉴。

具体的技术框架如图 2-1 所示。

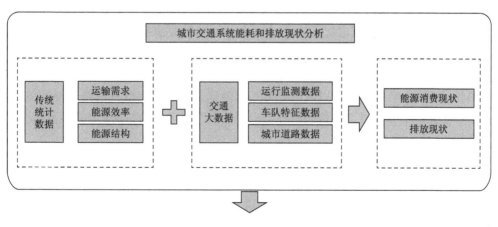

图 2-1

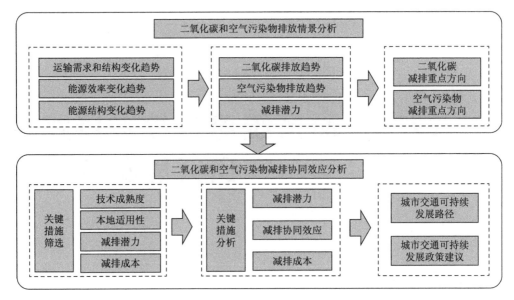

图 2-1　城市交通可持续发展路径研究框架

2.2 主要研究内容

本书共分为 8 章，主要研究内容如下：

第 1 章绪论。主要阐述城市交通系统可持续发展路径研究的背景和意义，综述交通系统温室气体和空气污染物排放核算以及减排路径相关研究进展。

第 2 章城市交通系统可持续发展路径研究思路与方法。简要介绍研究思路、研究框架、主要研究内容，并系统介绍研究边界和研究方法等。

第 3 章广州市交通系统能耗和排放现状。以传统统计数据为基础，结合实地调研等方式，广泛收集广州市各类运输方式的交通工具保有量、运营数据、道路车流量数据、能源利用效率、能源消费量等数据，核算广州市交通系统 2010 年以来的能源消费及二氧化碳和主要空气污染物排放，分析能耗和排放现状特征。

第 4 章基于大数据的广州市道路交通能耗和排放特征。根据广州市道路运输特征和数据的可获得性，选取典型道路路段，以大数据为基础筛选适用于广州市的道路运输排放模型，估算广州市典型路段的分时段二氧化碳和主要空气污染物排放，并针对性地提出道路交通精细化管理建议。

第 5 章广州市交通系统二氧化碳和空气污染物排放情景分析。结合广州市未来的社会经济发展水平、城市空间规划以及交通发展定位和规划，构建 LEAP-广州交通双达模型，以 2020 年为基准年、2035 年为目标年，测算不同发展情景下广州市各类运输方式的二氧化碳和空气污染物排放趋势，分析交通系统的减排潜力，明确广州市交通系统可持续发展的重点方向。

第 6 章广州市交通系统减排协同效应分析。针对确定的广州市交通系统可持续发展重点方向,构建具有本地适用性的交通系统可持续发展技术措施库,筛选关键技术措施,定量评估关键技术措施的二氧化碳和空气污染物减排协同效应和经济性,确定交通系统可持续发展关键技术措施的发展顺序。

第 7 章广州市交通系统可持续发展路径。系统梳理出广州市实现交通系统可持续发展路线图,并提出市内客运、城际客运和货运交通可持续发展的目标和路径,为广州市助力实现碳排放达峰和空气污染物达标提供支撑。

第 8 章广州市交通系统可持续发展政策建议。在广州市交通系统可持续发展路径基础上,从运输需求控制、运输结构调整、燃料结构清洁化、能源效率提升、排放效率提高、管理机制完善等方面,系统提出广州市交通系统可持续发展的政策建议,切实促进广州市交通系统的可持续发展。

2.3 研究方法

2.3.1 时间尺度和核算边界

1)时间尺度

为便于分析广州市交通系统的排放历史趋势,本书涉及的历史数据年份为 2010—2022 年,但考虑到政府的发展目标往往以 5 年为单位,故选择 2020 年为研究的基准年。同时,随着经济水平的不断提高,预计广州市的运输需求在未来较长一段时间内仍会呈增长趋势,结合 2019 年 2 月中共中央、国务院印发的《粤港澳大湾区发展规划纲要》[81]的规划期,选择 2035 年为目标年,2025 年和 2030 年为重要的时间节点,分析广州市交通系统的可持续发展路径。

2)核算边界

本书涵盖整个城市交通系统,包括公共汽车、城市轨道交通、出租汽车、城市客运轮渡、私家车、摩托车等城市客运交通,以及公路、铁路、民航、水路等城际客货运交通。为了便于与其他城市相对比,结合数据的可获得性,民航仅包括商业航空。

另外,"碳排放"指化石燃料燃烧直接产生的和电力消费间接产生的二氧化碳、甲烷、氧化亚氮、氢氟碳化合物、全氟碳化合物、六氟化硫等温室气体的排放。由于交通系统甲烷、氧化亚氮等温室气体排放占比非常小,简化处理时未包含在内,因此本书仅涉及二氧化碳排放。同时,交通系统的空气污染物排放主要指汽车、船舶、飞机等交通工具在运输过程中排放的尾气,主要包括 CO、NO_x、HC、$PM_{2.5}$、PM_{10} 和 SO_2。根据交通系统空气污染物的危害程度,本书选择对 NO_x、HC、$PM_{2.5}$ 和 SO_2 进行分析。

2.3.2 城市交通系统二氧化碳排放计算方法

城市交通系统的二氧化碳排放可根据交通工具的化石能源消费量以及对应的二氧化碳排放系数计算得到[82]。其中,交通工具的化石能源消费量根据各运输类型的活动水平和能源利用效率计算得到。考虑到数据的可获得性,公共汽车、出租汽车、私家车和摩托车的能源消费需求根据其交通工具的保有量、年均行驶里程以及单位行驶里程综合能耗计算得到,其他运输方式的能源消费需求根据其客运/货运周转量以及单位客运/货运周转量综合能耗计算得到。城市交通系统的二氧化碳排放量 F_T 按式(2-1)计算。

$$F_T = \sum E_{T,k} \times F_{CO_2,k} \tag{2-1}$$

$$E_{T,k} = \sum (E_{km,i,k} \times D_i \times N_i) + \sum (E_{km,j,k} \times Q_j) \tag{2-2}$$

式中:F_T——城市交通系统的二氧化碳排放量(t);

$F_{CO_2,k}$——第 k 种能源的二氧化碳排放因子(tCO_2/tce);

$E_{T,k}$——城市交通系统第 k 种能源的消费需求(tce);

$E_{km,i,k}$——交通工具 i 行驶单位里程消耗的第 k 种能源量(tce/km);

D_i——交通工具 i 的年运输距离(km);

N_i——交通工具 i 的拥有量(辆);

i——除城市轨道交通外的市内客运交通工具类型,如公共汽车、出租汽车、私家车、摩托车等;

$E_{km,j,k}$——交通工具 j 运输单位客运/货运周转量消耗的第 k 种能源量[tce/(人·km)或 tce/(t·km)];

Q_j——交通工具 j 的客运/货运周转量(人·km 或 t·km);

j——城市轨道交通及铁路、公路、水运、航空等城际客货运交通工具类型。

2.3.3 城市交通系统空气污染物排放计算方法

根据生态环境部发布的《道路机动车大气污染物排放清单编制技术指南(试行)》[83]和《非道路移动源大气污染物排放清单编制技术指南(试行)》[84],计算城市交通系统的主要空气污染物时可分为道路机动车和铁路、航空、水运等非道路移动源两种类型分别进行。其中,道路机动车空气污染物排放根据机动车的活动水平和空气污染物排放系数计算得到;非道路移动源中,铁路、水运的空气污染物排放根据交通工具消费的化石能源及其对应的空气污染物排放系数计算得到,航空运输的空气污染物排放根据飞机起飞着陆循环(Landing and takeoff,LTO)次数及其对应的空气污染物排放系数计算得到。交通系统空气污染物的排放量按式(2-3)计算。

$$P_{T,l} = P_{RT,l} + P_{NRT,l} \tag{2-3}$$

$$P_{RT,l} = \sum_m EF_{l,m} \times D_m \times N_m \times 10^{-6} \tag{2-4}$$

$$P_{NRT,l} = \sum E_{n,k} \times EF_{l,k} \times 10^{-6} + \sum C_{LTO} \times EF_{a,l,k} \times 10^{-3} \tag{2-5}$$

式中:$P_{T,l}$——交通系统第 l 种空气污染物的排放量(t);

$P_{RT,l}$——道路机动车第 l 种空气污染物的排放量(t);

$P_{NRT,l}$——非道路移动源第 l 种空气污染物的排放量(t);

$EF_{l,m}$——第 m 类道路机动车行驶单位距离所排放的第 l 种空气污染物的量(t);

D_m——第 m 类道路机动车的年均行驶里程(km)；
N_m——第 m 类道路机动车的保有量(辆)；
$E_{n,k}$——铁路、水运等消费的第 k 种能源的量(kg)；
$EF_{l,k}$——第 k 种能源的第 l 种空气污染物的排放因子(g/kg)；
C_{LTO}——飞机起飞着陆循环次数(次)；
$EF_{a,l,k}$——每次起飞着陆循环第 k 种能源的第 l 种空气污染物的排放因子(kg/LTO)；
l——空气污染物，包括 NO_x、HC、$PM_{2.5}$ 和 SO_2 等。

2.3.4 城市交通系统未来排放预测方法

选择斯德哥尔摩环境研究所开发的 LEAP(Low Emissions Analysis Platform，低排放分析平台)模型对广州市交通系统未来二氧化碳和空气污染物的排放进行预测[85]。

LEAP 模型是一个自下而上的终端应用建模工具，其工作原理主要依据卡雅公式(Kaya Identity)，假设各部门的能源消费可以由活动水平和能源强度表示。一般来说，在能源强度一定的情况下，活动或生产越多，能源消费越多；在活动或生产一定的情况下，能源强度越高，能源消费越多。其中，活动水平是一个广义概念，可以用物理指标(例如汽车保有量、客运周转量、货运周转量等)衡量活动水平，也可以用经济指标(例如行业的增加值等)来衡量活动水平，但一般要求采用的指标能够充分反映建模对象的动态变化并与能源消费直接相关，而且便于度量或估计。能源强度通常定义为单位活动或生产所需的能源消费量，例如汽车的单位行驶里程油耗、单位客运周转量能耗、单位货运周转量能耗等。

利用 LEAP 模型开展城市交通可持续发展路径研究的步骤如图2-2所示。①模型构建：包括模型结构的构建以及利用现状数据对模型结构的校准。②情景设置：根据研究目的构建不同的未来发展情景，并给出各发展情景的定性描述。③参数设置：将②中描述的未来发展情景进行定量化，包括社会宏观经济发展水平、交通运输的活动水平、能效水平和能源结构等。④情景分析：分析不同情景下城市交通系统未来的能源消费以及二氧化碳和空气污染物排放趋势，最终确定城市交通系统可持续发展的重点方向。

2.3.5 情景分析法

情景分析法是一种定性与定量相结合的预测方法，是在充分考虑外部环境变化对经济事件影响的基础上，通过对环境的研究，识别出影响经济事件发展的外部因素，然后详尽分析在环境因素影响下经济事件的未来可能状态及各种状态出现的条件、途径，并提出适应各种状态的对策[86]。

本书利用 LEAP 模型，在探讨不同因素对其未来能源消费需求及二氧化碳和空气污染物排放影响时，采用情景分析的方法。发展情景指标主要包括：①交通系统服务量的现状与需求发展趋势；②交通系统服务量结构的现状与发展趋势；③交通系统能源利用效率水平和能源消费结构的现状与发展趋势。

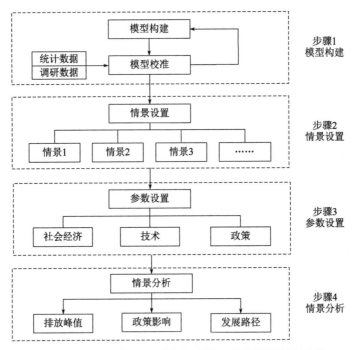

图 2-2 利用 LEAP 模型开展城市交通系统可持续发展研究的步骤

2.3.6 德尔菲法

德尔菲法(Delphi Method)也称专家问卷调查法,主要是针对需要分析的内容通过问卷的方式征得领域专家的意见,并对意见进行整理和分析,当专家意见分歧较大时,再次征求意见,直至得到一致的意见[87]。

本书在对交通系统可持续发展关键技术措施进行筛选时主要采用该方法,以建立的广州市交通系统可持续发展技术措施库为对象,根据措施的技术成熟度、本地适用性、节能潜力、减排潜力和成本 5 个属性设计调查问卷,征求专家的意见。根据专家的打分情况,对技术措施库中的各项技术措施进行排序,最终筛选出适用于广州市的交通可持续发展关键技术措施。

2.3.7 减排协同效应分析方法

协同效应又称共生效应,是指某项政策或措施实施后除产生在设计之初被认定的直接效果外,所产生的其他非意愿性、额外的效果[88]。IPCC 第三次评估报告(2001 年)中提及的协同效应指温室气体减排带来的其他收益[54],包括发展和公平的改善等;IPCC 第五次评估报告(2014 年)将正向附加影响定义为协同效应,而负向附加影响定义为副作用(Adverse Side-effect)[55]。

协同效应的分析方法大体可以分为两大类别[89]。第一类是用于评价减排效果的物理协同性评价方法,主要包括减排量弹性系数分析和协同控制效应坐标系分析两种方法。其中,"减排量弹性系数分析"将措施的二氧化碳和空气污染物减排效果及协同程度进一步量化为弹性系数,利用弹性系数的正负和大小表示是否具有减排协同效应,以及减排协同效应的程度;"协同控制效应坐标系分析"则将措施的二氧化碳和空气污染物减排效果直接以坐标系的形式进行表示,可以较为直观地反映减排措施对于不同污染物和温室气体的减排效果及协同程度。第二类是用于评价措施的综合减排效果,主要通过构造归一化的污染物当量指标,将温室气体和空气污染物的减排量合并统计,从而综合分析措施的累积减排效果。

本书对于城市交通系统关键技术措施的减排协同效应分析将综合使用上述分析方法,首先对各措施的二氧化碳和空气污染物减排潜力进行测算,在此基础上进行减排量弹性系数分析和协同控制效应坐标系分析,定量分析各措施的二氧化碳和空气污染物减排协同效应,并进行直观化展示。在分析的过程中还将构建空气污染物排放综合当量,以综合评价措施对多种污染物的协同控制效应。

2.3.8 边际减排成本计算方法

边际减排成本指在一定的生产水平下,每多减排一单位的二氧化碳或者空气污染物所需要付出的额外成本[90]。常见的边际减排成本计算方法可以分为两种类型[91]。第一类是"基于专家"的减排成本模型,通过测算不同减排措施实施前后的二氧化碳和空气污染物排放以及成本,分析措施的减排潜力和减排成本。其中,减排措施的渗透率、未来的能效水平、成本等主要通过专家或文献获取,比较有代表性的是麦肯锡在2007—2010年对全球以及14个国家边际减排成本的研究[92-93]。第二类是基于"能源经济模型"的减排成本测算,通过模型模拟能源-经济系统在不同经济发展或能源政策情景下的经济产出及碳排放变化,分析不同措施对边际减排成本的影响,如碳税等。

边际减排成本曲线(Marginal Abatement Cost Curve,MACC)是边际减排成本的直观展示,可以反映增加单位减排量所需的成本随总减排量变化的情况,并通过技术排序,帮助政策制定者选择最具经济效益的减排措施,从而设计相应的减排路径,被广泛应用于减排路径研究[94]。

本书采用"基于专家"的减排成本模型,采用有无对比的方式,分析广州市交通系统可持续发展关键技术的减排潜力和减排成本,并绘制边际减排成本曲线,以直观展示各措施的减排潜力大小以及减排成本高低,以此为依据提出广州市交通系统可持续发展路径。

第3章

广州市交通系统能耗和排放现状

3.1 发展现状

广州市是广东省省会,地处中国南部、珠江三角洲北缘,濒临南海,邻近香港、澳门,是我国华南地区的政治、经济、文化、科技和交通中心,是国家中心城市、国家级综合性门户城市,未来发展定位为国际商贸中心以及国际综合交通枢纽。全市总面积 7434.4km^2,辖越秀、海珠、荔湾、天河、白云、黄埔、南沙 7 个中心城区,以及番禺、花都、从化和增城 4 个新城区。

作为我国华南地区的交通中心,广州市非常重视对外辐射能力的提升,交通基础设施综合承载能力和运输服务水平得到了明显提升,为支持和保障广州市社会经济的发展起到了重要的作用。

3.1.1 门户型综合交通大格局初步形成

1) 空港

广州市拥有我国三大国际枢纽机场之一的广州白云国际机场,是我国面向东南亚和大洋洲地区的第一门户枢纽。空中航线网络覆盖全球 230 多个通航点。广州与国内、东南亚主要城市形成"4 小时航空交通圈",与全球主要城市形成"12 小时航空交通圈"。2023 年,白云国际机场累计完成航班起降 45.6 万架次,同比增长 71.1%;旅客吞吐量突破 6300 万人次,位居国内第 1 位,实现国内机场旅客吞吐量"四连冠";货邮吞吐量 203 万 t,位居全国第 2 位[95]。

2) 海港

广州港作为国家沿海主枢纽港和集装箱干线港,由南沙港、黄埔港、番禺港、花都港、新塘港等港区组成。截至 2023 年底,广州港拥有各类码头泊位 585 个,其中万吨级以上泊位 83 个,最大靠泊能力 30 万 t;开通集装箱航线超过 260 条,其中外贸班轮航线 157 条,已形成以南沙港区为龙头,新沙、黄埔等港区为辅助的格局。2023 年,广州港完成港口货物吞吐量 6.75 亿 t、集装箱吞吐量 2541 万标准箱,分别位居世界第 5 和第 6 位[96]。

3) 铁路

广州铁路枢纽衔接京广铁路、广九铁路、广茂铁路、京广高速铁路、广深港高速铁路等干线,是我国华南地区最大的铁路枢纽,与北京铁路枢纽、上海铁路枢纽、武汉铁路枢纽并称为中国四大铁路枢纽。2023年,全市铁路客运量1.3亿人次,同比增长95.2%;货运量2525万t,同比增长7%,总体保持稳步上升的趋势(图3-1,图3-2)。

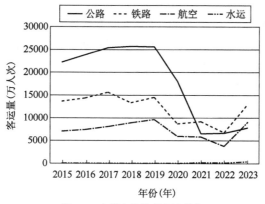

图3-1　广州市分类型客运现状

注:1.数据源自《广州统计年鉴》;
2.因交通运输部2017年修正了公路客运量统计口径,同时修正了2016年的同比口径,图中2015年公路客运量数据已根据客运量年增长率进行了相应修正;
3.受2020年新冠疫情的影响,2020年公路、铁路、航空客运量大幅下降。

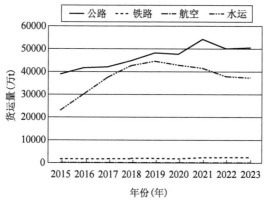

图3-2　广州市分类型货运现状

注:1.数据源自《广州统计年鉴》;
2.因交通运输部2020年修正了公路货运统计口径,同时修正了2019年的同比口径,图中2015—2018年公路货运量数据已根据货运量年增长率进行了相应修正;
3.交通运输部2018年修正了铁路货运统计口径,同时修正了2017年的同比口径,图中2015—2016年铁路货运量数据已根据货运量年增长率进行了相应修正。

4)道路

广州市是全国公路运输网络的重要节点和华南地区最大的公路主枢纽。2023年,全市公路通车总里程超过9000km,市域高快速路通车里程超过1200km,居广东省第一和国内同等城市前列,已基本形成"二环+十五线"高速公路的主骨架网络。全市公路货运快速发展,货运量增长至2023年的50517万t,较2015年增长近30%。随着城际轨道交通的快速发展,道路营运客运需求大幅下降,已从2015年的22203万人次降至2023年的7838万人次,降幅约65%。

3.1.2 城市公共交通的供给能力、使用程度和服务水平不断提高

1）城市轨道交通

截至2023年底,广州市已开通18条城市轨道交通线路,通车里程674.8km,包括有轨电车22.1km。全市轨道交通年客运量从2015年的240693万人次增至2023年的313791万人次,承担客运量约占公共交通总量的68.7%（图3-3）。

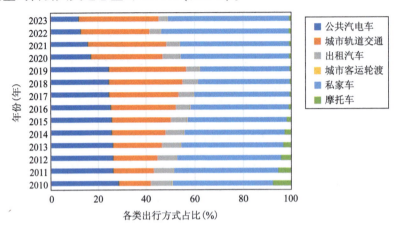

图3-3 广州市机动化出行方式构成变化（按客运量计算）

2）公共汽电车

2023年末,全市公共汽电车运力为14039辆,线网规模达到1300条。受城市轨道交通、电动自行车以及私家车的"冲击",加之新冠疫情的影响,广州市公共汽电车的年客运量由2015年的约254953万人次大幅降至2023年的109346万人次,承担客运量占公共交通总量的23.9%。公交专用道总里程超过600km,开行定制巴士线路435条,满足市民多样化的出行需求。

3）出租汽车

截至2023年末,全市出租汽车运力约2万辆,年客运量32135万人次,约占公共交通客运量的7%。随着"互联网+"快速发展,类似出租汽车的网络预约服务模式也呈现迅猛发展的趋势,广州市政府层面也搭建网络预约出租汽车信息平台,一定程度上提升了出租汽车服务水平。

4）城市客运轮渡

城市客运轮渡是广州市继公共汽电车、出租汽车、城市轨道交通后的第4套城市交通系统。2023年,全市共有城市客运轮渡线路13条,线路总长度55km,实现客运量1399万人次,占公共交通客运量的0.3%,为缓解交通压力、服务市民出行起到了较好的作用。

3.1.3 私家车数量和使用频率得到合理调控

2012年7月,广州市开始实施中小客车调控政策,并于2013年7月正式实施,创新提出

"摇号+竞价+环保"总量调控模式,有效控制本市籍中小客车迅猛增长的趋势[97]。调控政策实施以来,全市中小客车年均增长率由调控前5年的18.6%降至调控后5年的3.2%,中小客车数量增长趋于有序、可控。2016年以来,随着对节能车、电动车的大力推广,广州市私家车的增长速度有所反弹(图3-4)。

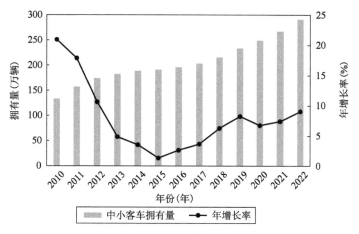

图3-4 广州市中小客车拥有量及年增长率变化

2014年8月,广州市实施差别化停车收费政策,以经济手段引导机动车合理停放和使用,有效减少了车辆的停车次数,缩短了停车时间,提高了停车泊位周转效率。2018年8月,广州市发布《关于非广州市籍中小客车通行管理措施的通告》[98],对非广州市籍中小客车通行实施"开四停四"政策,希望在保障正常使用外地车临时通行的情况下,有效控制外地车本地化的数量和使用频率。

3.2 能耗现状

随着经济的不断发展与人们生活水平的持续提高,广州市的交通运输需求逐年增加,由此产生的能源消费也呈持续增长的趋势,但年均增速有所放缓。据测算,广州市交通系统(大交通,包括公共汽电车、城市轨道交通、出租汽车、城市客运轮渡、私家车、摩托车等交通工具以及公路、铁路、民航、水运等运输方式,以下同)2019年的能源消费量为2269万tce,较2010年增长了1.2倍。2020—2022年间,受新冠疫情影响,全市交通系统的能源消费量大幅减少至1946万tce,较2019年下降14.2%(图3-5)。

从能源消费结构看(图3-6),广州市交通用能仍然以传统石油制品为主,约占能源消费量的97%以上。其中,航空煤油消费占比一直较高,约占交通能源消费量的30%;燃料油主要用于水路货运,随着水路货运量的快速增长,其消费量也较大幅度增长,能源消费占比由2010年的6.1%增长到2022年的39%;汽油和柴油主要用于道路运输,随着航空客货运和水路货运的快速发展,其消费比重总体呈下降趋势,2022年汽油和柴油的消费量分别占交通能源消费量的14.9%和22.3%;LPG主要用于公共汽电车和出租汽车,随着天然气、电动车、混合动力车的推广使用,其消费量呈快速减少的趋势;天然气和电力消费逐渐增加,但绝对值仍然较小,2022年全市交通系统的天然气和电力消费仅占到交通能源消费量的2.9%。

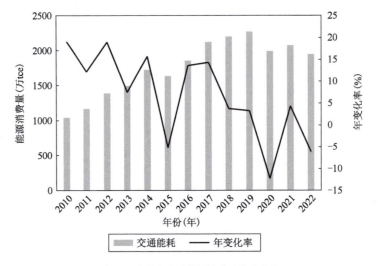

图3-5 广州市交通能源消费及其变化率

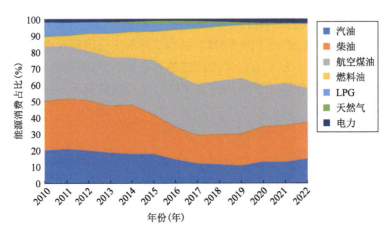

图3-6 广州市交通能源消费结构

3.3 二氧化碳排放现状

随着经济的不断发展与人们生活水平的持续提高,广州市的交通运输需求逐年增加,交通系统面临的温室气体减排压力日益严峻。

据测算,2010年以来广州市交通系统由能源消费产生的二氧化碳排放呈现快速增长的趋势,但年均增速有所放缓。2019年,广州市交通运输由能源消费产生的二氧化碳排放(不含电力消费产生的二氧化碳)约为4805万t,较2010年增长了1.2倍。2020—2022年间,受新冠疫情影响,全市交通系统能源消费产生的二氧化碳排放大幅减少,2022年的二氧化碳排放降至4119万t,较2019年下降14.3%(图3-7)。

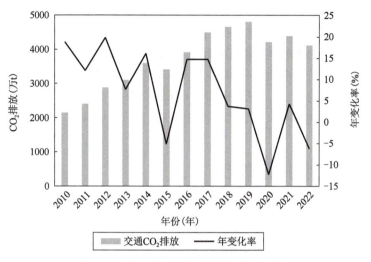

图3-7　广州市交通二氧化碳排放及其年变化率

按照运输类型分(图3-8),货运交通是广州市交通系统二氧化碳排放最主要的来源,并呈逐年增长的趋势,其二氧化碳排放量占交通系统排放量的比重已由2010年的51%增长至2019年的64%。2020—2022年,受新冠疫情影响,客运量断崖式减少,使得货运交通的二氧化碳排放占比大幅增长至76%。其中,水路货运的二氧化碳排放比重已逐渐超过公路货运,水路货运成为广州市交通系统最大的二氧化碳排放源,其次是公路货运和航空货运,铁路货运的二氧化碳排放较小,并呈逐年下降的趋势。2022年,广州市水路货运、公路货运、航空货运和铁路货运的二氧化碳排放分别约占交通系统排放量的41.9%、22.5%、11.9%和0.01%。

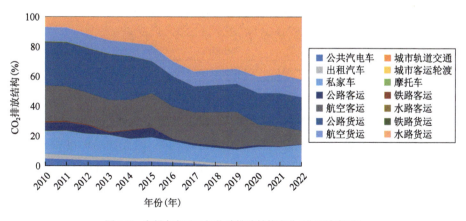

图3-8　广州市交通二氧化碳排放结构变化(分运输类型)

城际客运是广州市交通系统二氧化碳排放的第二大来源,但其二氧化碳排放量的增长速度明显低于货运交通,城际客运的二氧化碳排放量占全市交通系统排放量的比重已由2010年的29%降至2019年的25%。2020—2022年,受新冠疫情影响,全市城际客运的二氧化碳排放占比进一步下降至9.4%。其中,航空客运二氧化碳排放比重最大,其次是公路客运和铁路客运,水路客运的二氧化碳排放极少。2022年,全市航空客运、公路客运、铁路客运和水路客运的二氧化碳排放分别约占交通系统排放量的9%、0.3%、0.02%和0.001%。

广州市内客运的二氧化碳排放相对较少,并且随着积极采取发展公共交通、调控中小客车总量等措施,其二氧化碳排放增长速度得到了有效控制,市内客运的二氧化碳排放量占全市交通系统排放量的比重已由2010年的24%降至2022年的14.4%。其中,私家车的二氧化碳排放比重最大,公共汽电车、城市轨道交通、出租汽车已实现百分之百电动化,不计算碳排放,摩托车和轮渡由于客运量较小,其二氧化碳排放也较少。2022年,私家车、摩托车和城市客运轮渡的二氧化碳排放量分别约占交通系统排放量的14.3%、0.01%和0.03%。

3.4 空气污染物排放现状

交通系统排放的尾气是空气污染物的重要来源。根据不同类型运输方式的活动水平、能源消费以及主要空气污染物的排放因子计算得到广州市交通系统2010—2022年主要空气污染物的排放量(图3-9)。

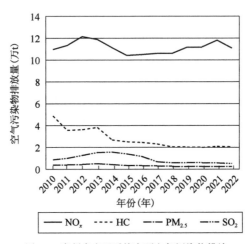

图3-9 广州市交通系统主要空气污染物排放

广州市交通系统排放量最大的空气污染物是NO_x,并且呈快速增长的趋势。2012年全市交通系统的NO_x排放量达到12万t,之后随着道路运输国四、国五油品标准的相继执行,交通系统的NO_x排放量逐年下降,到2022年下降为11万t,仍较2010年增长了1.1%;其次是HC排放,2010年全市交通系统的HC排放量达到4.9万t,之后随着道路运输排放标准的提高,其排放量快速下降,到2022年下降为2.1万t;$PM_{2.5}$和SO_2的排放量相对较小,且随着道路运输国五油品标准以及船舶排放控制区政策的实施,其排放得到了较好控制。

按运输类型分(图3-10),公路货运是广州市交通系统NO_x排放最主要的来源,其2022年的排放量约占全市交通系统排放量的65%,其次是公路客运和水路货运,其2022年的排放量分别约占全市交通系统排放量的17%和15%;交通系统HC排放的最主要来源仍然为公路货运,其2022年的排放量约占全市交通系统排放量的60%,其次是私家车,其2018年的排放量约占全市交通系统排放量的29%；水路货运、公路货运和公路客运是PM$_{2.5}$排放的主要来源，其2022年的排放量分别约占全市交通系统排放量的45%、32%和16%；SO$_2$排放主要来自水路货运，其2022年的排放量约占全市交通系统排放量的83%，其次是公路货运、私家车以及航空客运，其2022年的排放量分别约占全市交通系统排放量的9%、5%和1%。

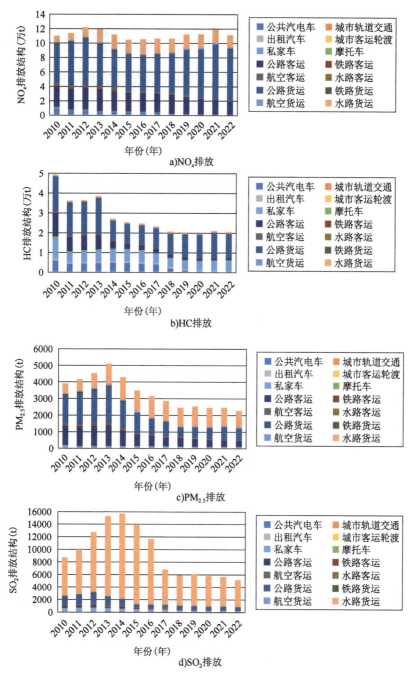

图3-10 广州市交通系统主要空气污染物排放结构(分运输类型)

第 4 章

基于大数据的广州市道路交通能耗和排放特征

4.1 基于大数据的道路交通能耗和排放测算方法

4.1.1 基于大数据的道路交通能耗排放模型建模原理

机动车在道路上实际行驶过程中的能耗和排放情况与道路行驶环境、交通流量、交通运行状况以及驾驶员的驾驶行为等因素密切相关。不同层面的道路交通能耗和排放测算需要综合分析气象、车辆技术特征参数、车辆运行工况等各类静态和动态信息。

通过融合交通、交警、环境等部门的固定线圈、车牌识别、车辆年检的基础数据,获取车队构成、交通流运行信息,采集车辆排放及行驶工况的实验数据获取本地机动车比功率(Vehicle Specific Power, VSP)分布区间的燃料消耗/排放因子,实现城市道路交通能耗和排放计算,呈现不同时空范围的城市道路交通能耗和排放变化,并从宏观层面掌握城市或区域的交通能耗和排放总量。主要采集的数据参数见图4-1。

为探索机动车排放特性,国内外研究者致力于分析尾气排放的影响因素、获取排放因子,并建立道路交通能耗排放模型。

对计算道路上行驶时的排放而言,能耗排放模型的建模原理总结为以下三个步骤。

(1)编制机动车排放清单

根据技术标准和排放特征对机动车进行分类,通过排放试验获取每一种车型的排放与行驶状态之间的关系,这种关系通常被描述为机动车行驶单位时间的排放量,定义为排放量;或者被描述为单位里程的排放量,定义为排放因子。这项工作通常由掌握大量排放试验数据的环保部门负责。近年来,广泛应用车载排放测量设备(Portable Emission Measurement System, PEMS)采集数据。

(2)获取机动车保有量和行驶状态数据

通过交通调查获取一个区域内各车型的比例、行驶里程和行驶状态数据。这项工作通常由组织交通调查的交通部门负责。

(3) 计算排放量并对结果进行修正

排放量等于每一种车型的排放因子与行驶里程的乘积再以车型比例为权重求和。最后对排放量进行交通状态和环境相关的修正。

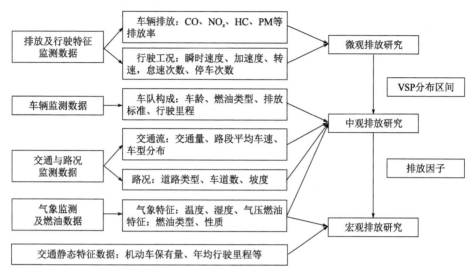

图 4-1 不同研究尺度的道路交通能耗排放模型的主要数据参数

4.1.2 基于大数据的道路交通能耗排放模型选择

机动车行驶状态通常泛指机动车在道路上行驶时的加速、减速、匀速、怠速等状态。因为与机动车排放之间存在直接的因果关系,机动车行驶状态是每一个道路交通能耗排放模型的最重要的输入之一。表 4-1 为常用的道路交通能耗排放模型。按机动车行驶状态的表征方式,模型可以分为三类:行驶周期类、逐秒速度类、比功率分布类。

常用的道路交通能耗排放模型　　表 4-1

参数类型	常用模型	研究尺度	开发单位
行驶周期	MOBILE	宏观、中观	美国国家环境保护局
	EMFAC	宏观、中观	美国加利福尼亚空气资源委员会
	COPERT	宏观、中观	欧洲环境署
	HBEFA	宏观、中观	德国、奥地利、瑞士等 6 个欧洲国家环境保护局
	CVEM	宏观、中观	中国生态环境部
逐秒速度	CMEM	微观	美国加州大学河滨分校、密歇根大学、劳伦斯伯克利国家实验室
	VT-Micro	微观	美国弗吉尼亚理工大学
比功率分布	MOVES	宏观、中观、微观	美国国家环境保护局
	IVE	宏观、中观	国际可持续发展研究中心、美国加州大学河滨分校

行驶周期类排放模型选择行驶周期表征机动车的行驶状态,典型代表有 MOBILE[99-100]、EMFAC[101-102]、COPERT[103-104]、HBEFA[105-106] 模型。行驶周期即为一段机动车瞬时速度随时

间变化的曲线,其计算排放的思路是:首先建立每一种车型在各种道路类型和各种交通状态(如平均速度或服务水平)对应的行驶周期,代表该车型的平均行驶状态;然后通过排放试验获取机动车在行驶周期的排放量,定义为基本排放因子;再对基本排放因子进行劣化、车况、检测维护、速度、负载、环境等方面的修正;最后计算一个区域的交通排放量,为各车型的行驶里程乘以修正后的排放因子再求和。

逐秒速度类排放模型以机动车在实际道路上的行驶状态计算排放,是一种比较理想的方法。在建立排放率模块过程中,需要对加速度进行非常细致的划分才能实现对逐秒排放量比较准确的评价。因此,逐秒速度法一般仅适用于交通仿真中计算排放,代表性模型包括 CMEM 模型[107-108]和 VT-Micro 模型[109]。其计算交通排放的思路是:首先以排放实验数据为基础,建立不同速度和驾驶模式组合对应的排放率,建立排放率模块,其中驾驶模式由机动车速度、加速度、功率需求等定义;当输入逐秒速度后,根据驾驶模式定义确定当前机动车行驶状态所属的驾驶模式,在排放率模块中查询当前速度-驾驶模式组合对应的排放率;最后将每个时刻的排放率求和,即为机动车在一个行程的排放量。

比功率分布模型是一个能代表机动车在实际路段行驶状态的模型,通过单位车辆的质量的瞬时牵引功率来描述油耗排放和车辆运动状态的关系。机动车比功率定义为机动车发动机牵引单位车重(包含自重和负载)输出的功率,单位为千瓦每吨(kW/t)。比功率类排放模型大量的研究选择应用比功率区间聚类方法将机动车的行驶状态按消耗的比功率划分为不同的比功率区间,以各个比功率区间机动车逐秒排放量的平均值(即排放率),代表该车型的排放水平进行排放评价。应用比功率分布模型需要采集本地的机动车行驶状态数据来建立比功率分布进行交通排放评价,具有代表性的比功率分布模型包括 MOVES 模型[110-111]和 IVE 模型[112-113]。

由以上分析可以看出,逐秒速度模型需要对加速度进行非常细致的划分,主要适用于交通仿真中的排放计算,属于微观模型。行驶周期模型和比功率分布模型适用于区域道路交通的能耗和排放测算,属于宏观和中观模型。特别是行驶周期模型具有结构相对简单、数据可获得性强等特点,被广泛应用于城市和区域道路交通的能耗和排放特征分析。其中,COPERT 模型是典型的行驶周期模型,其数据来源于欧盟国家积累的台架试验数据,与我国机动车的分类、排放标准和检测条件相似,计算结果更接近中国机动车的实际排放量。鉴于此,本书选用 COPERT 模型对广州市道路机动车的能耗、二氧化碳排放及主要空气污染物排放进行测算。

4.2 国内城市交通能耗和排放监测经验

4.2.1 北京市交通节能减排统计与监测平台

北京市交通委员会于 2012 年启动了"北京市交通领域节能减排统计与监测平台"建设(图4-2)。平台建设内容包括"一个中心、四个平台、八个应用系统"。"一个中心"是指建设北京市能耗监测统计资源中心,通过整合北京市能耗相关业务的数据资源,建设全市集中、统一的能耗监测基础数据库、业务数据库和主题数据库,形成统一的能耗监测资源平台;"四个平台"是指建设数据中心支撑平台、数据采集平台、共享交换平台、数据处理平台;"八个应用系统"是指建设地面公交运行能耗排放监测与评价系统、轨道交通运行能耗排放监测与评价系统、出租汽车运行能耗排放监测与评价系统、旅游客运能耗排放监测与评价系统、交通运输行业统计上报系统、交通能耗排放指标维护管理系统、交通能耗监测与评价认证授权系统、交通能耗监测与评价应用整合系统。

北京市交通领域节能减排统计与监测平台

公共汽车检测分析系统
3232辆公共汽车实时能耗排放数据
2万辆公共汽车GPS数据

出租汽车检测分析系统
2110辆出租汽车实时能耗排放数据
6万辆出租汽车GPS数据

旅游汽车检测分析系统
193辆旅游汽车实时能耗排放数据
6445辆旅游汽车GPS数据

轨道交通检测分析系统
3条线路实时能耗排放数据
17条线路GPS数据

数据采集平台
100T/a数据量
40个多源异构数据
8万条/s采集速度

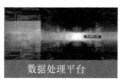
数据处理平台
3种大数据处理算法
90G/d数据处理量

共享交换平台
10家共享交换
1T/d数据交换量

数据支撑平台
1个中心数据库
4个共享平台数据库

图 4-2　北京市交通领域节能减排统计与监测平台

平台建设支撑了包括实时交通运行数据、车辆时空定位、车辆基础状态、车辆能耗、车辆工况和能耗排放监测数据等海量高频多源异构数据的同步采集、快速处理,积累了大量数据、图谱,并将 MOVES 模型及决策支持方法运用到平台,实现了微观监测、宏观分析、政策评价及决策支持一体化。

平台技术的核心由 5 个模块组成(表 4-2),能满足不同维度、不同尺度、不同粒度的交通能耗和排放核算需求。

多层级交通排放综合仿真模拟技术　　　　表 4-2

层级	模块	功能
1	基于时间维度的宏观核算清单模块	能耗和排放总量核算; 目标制定及分解
2	基于空间维度的中观路网评价模块	交通战略规划情景分析; 交通政策措施效果评估
3	基于实时交通流的路网动态监测模块	路网动态能耗和排放清单; 路网交通污染指数评价; 道路周边环境质量仿真

续上表

层级	模块	功能
4	基于时空维度的单车监测分析模块	单车能耗和排放动态监测； 高能耗排放车辆识别； 行业节能减排精细管理
5	基于区域的基础设施能耗排放评估模块	基础设施内部环境评价； 环境治理措施效果评估

通过平台建设,实现了北京市交通能耗和排放的宏观统计和微观监测两大功能。

1)宏观统计功能

平台通过开展重点企业能耗信息月度报送工作,结合车辆监测数据和北京市统计局相关数据,建立了基于车辆监测的能耗统计核算方法,初步实现重点行业和企业能耗月度信息核算及趋势分析,全面掌握交通领域12大行业能耗信息。此外,平台还能够支持行业对标分析、新能源车应用情况分析等重要功能的实现。

2)微观监测功能

平台从地面公交、轨道交通、出租汽车、旅游客运4个出行领域选择样本车辆和线路进行了计量设备改造,实时采集车辆(线路)能耗,涉及3家企业、5535辆机动车和3条轨道线路。依托无线技术(General Packet Radio Service,GPRS)、全球定位系统(Global Positioning System,GPS)、地理信息技术(Geographic Information System,GIS),实现了车辆与地图的实时互动,并能够准确定位到高能耗车辆的具体位置。通过对典型运营车辆的能耗情况进行监测,初步建立了交通重点行业能耗和排放统计监测体系。

(1)地面公交:平台从线路、走廊、专用道、车辆4个维度监测地面公交能耗和排放状况,监测内容包含80条线路、15条走廊、3232辆车,实现了公共汽车及线路能耗指标的测算和分析,并识别高能耗车辆和线路。此外,平台还能够支撑公交专用道线路、车辆的能耗和能效指标的测算和分析。

(2)轨道交通:选取地铁5号线、地铁6号线和机场线作为监测对象。在北京地铁机场线的4个站点总计安装377块10kV电能计量仪表、19块燃气表和3块水表,对地铁5号线和6号线电耗数据进行接入,从路网、线路、站点3个维度监测轨道交通能耗状况,最终实现北京市3条地铁线路的电能消耗情况的精确计量、实时采集、传输和在线监测。

(3)出租汽车:平台从走廊、区域、车辆3个维度监测出租汽车能耗和排放状况,监测2110辆出租汽车。实现了出租运营车辆能耗指标的测算和分析并识别高能耗及低能耗车辆,同时,支撑了监测车型的能耗和能效指标测算工作和三元催化器工作状态的识别,保证了三元催化器工作状态的及时反馈,便于及时对车辆进行设备检修和更换,有效降低了污染物排放。

(4)旅游客运:平台从区域、车辆两个维度监测旅游汽车能耗和排放状况,监测内容包含21个区域、193辆旅游汽车,实现了旅游汽车能耗指标的测算和分析,并识别高能耗和低能耗车辆。

平台不仅能够长期实时监测北京市交通能耗和排放的底层数据,还能利用相关模型算法分析交通能耗和排放变化趋势,科学预测在不同情景下交通能耗和排放的综合水平。基于平台此项功能,北京市在交通"十三五"规划体系中设置了交通节能减排专项规划,量化评估政府节能减排政策、措施,为政府重大节能减排政策措施提供决策支持。

平台监测的能耗和排放数据,可多渠道、多方式与交通重点企业共享,服务企业。北京市多个交通行业重点用能单位同步建设了自有数据平台,提高了企业对自身能耗和排放的监测能力。平台可通过分析机动车在行驶过程中车辆技术、道路环境条件及车辆驾驶操作水平等数据,精细识别在车辆技术、道路环境条件相同的情况下驾驶人的驾驶行为,并根据四层次综合评价模型得到驾驶者评估报告,并以此为依据制定个性化的培训方式和教程,从而可指导驾驶人改善驾驶行为,减少机动车能耗和污染物排放。

4.2.2 深圳市交通能耗和排放监测平台

2013 年 6 月,在中德合作框架下,深圳市交通运输局与德国联邦环境、自然保护和核安全部就"支持深圳缓解城市交通拥堵 建设低碳交通体系"签署合作协议;深圳市城市交通规划设计研究中心有限公司与德国国际合作机构(Gesellschaft für Internationale Zusammenarbeit,GIZ)合作承担深圳市交通排放监测平台与应用研究课题,在交通运行评估、典型工况建立、排放因子测算、排放核算建模等方面取得了一系列创新和突破,并基于本地化交通排放因子,利用深圳在交通大数据积累方面的优势,建立交通需求模型、精细化交通排放计算模型,建成深圳市道路交通排放监测平台。

为实现街区尺度的排放的精细核算,采用自下而上的建模方法,以路段为基本单元,利用交通活动、排放因子等参数,计算路段上各类车型的能耗和排放,进而推算出片区和全市指标。建模的数据参数方面,通过整合深圳市多模式一体化交通需求模型掌握客货运(含小汽车、公共汽车、货车)交通需求、车辆行驶里程(Vehicle Kilometers of Travel,VKT)等特征数据,利用交通运行指数系统、线圈与车牌识别设备获取实时的路段车速、流量、服务水平等指标数据,通过深圳市公安局交通警察局、市人居环境委员会等部门协调车牌识别、车辆年检、排放标准实施计划等数据,结合出租汽车 GPS 调查数据构建车队构成模型。

在已经相对成熟的 HBEFA 模型基础上,针对深圳城市交通特点,因地制宜进行修正,建立深圳市交通能耗和排放因子库。按照车型、核算物、道路等级、服务水平等因素交叉分类,共确定 4500 项能耗和排放因子。以小汽车为例,包括:<1.4L、1.4~2.0L、>2.0L 3 种发动机排量、国一、国二、国三、国四、国五 5 种排放标准,高(快)速路、主干路、次干路、支路 4 种道路等级,5 种路段服务水平(Level of Service,LOS),燃油量、CO_2、CO、HC、NO_x 等 9 种核算物,共确定 2700 项排放因子。图 4-3 为深圳市交通排放核算模型原理与数据流程。

平台在深圳市构建绿色交通体系、实施交通需求管理、引导市民绿色出行等方面发挥了重要的决策支持作用:①建立城市交通排放清单,经计算,2014 年市域机动车平均每个工作日消耗燃油约 7000t,排放二氧化碳约 2.3 万 t,为制定交通节能减排目标提供了量化依据。②衡量重大交通基建的环境影响,以新彩隧道建成通车前后为例,梅林关晚高峰车速环比提高 7%,机动车碳排放总量下降 12%。③评估交通管理政策实施的环境效益,以全市停车收费调整方案为例,预测收费提高后深圳市机动车碳排放减少近 20%。④改进规划技术方法,增加环境承载力的约束目标,为交通设施和土地利用规划提供参考。

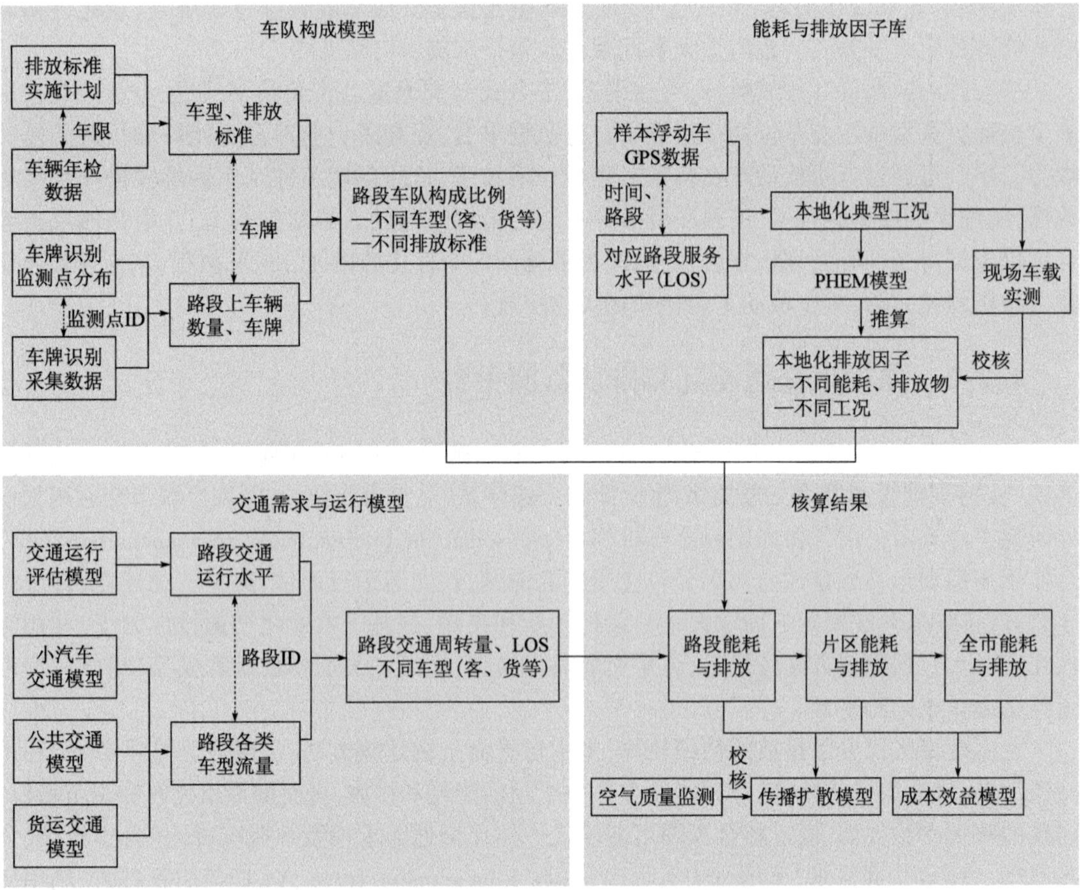

图 4-3　深圳市交通能耗排放核算模型原理与数据流程

在一期成果的基础上,该平台通过对多源 GPS、地磁检测、视频卡口、车牌识别、车辆排放标准等数据融合,建立了排放与扩散模型,实现了动态监测道路、机场、港口、轨道及枢纽各方式交通排放、统计分析路段-区域-全市各空间维度交通排放量,动态模拟推演深圳市全域交通污染扩散分布。

4.3　基于大数据的广州市道路交通能耗和排放测算思路与方法

4.3.1　测算思路

根据北京、深圳等城市排放监测平台建设的实践经验,基于大数据的交通排放监测的关键技术是对多源数据的获取和融合,以及本地化交通能耗和排放因子模型建立。在此过程中,需要协调多部门的数据,并对海量多源的数据进行校核,运用先进的车载排放分析系统和油耗采集设备进行行驶工况试验,实现平台开发等工作。

在城市交通的燃料和能源消耗数据难以获取的情况下,多采用"自下而上"的方法作为交通能耗和排放计算的技术方法。利用交通大数据,运用基于本地车队构成、机动车运行工况下的燃料消耗/排放因子分别计算每种交通方式的能耗和排放来核算城市道路交通活动的能耗和排放,具体计算思路如图4-4所示。

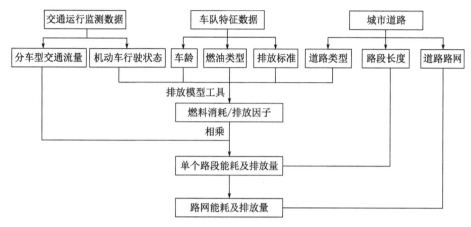

图 4-4 自下而上的交通能耗和排放计算

城市交通能耗和排放的计算过程分为以下三个步骤:

(1)计算单个路段单类车型的交通能耗和排放。

$$E_{ij} = VKT_i \times \alpha_{ij} \times EF(\lambda_j, \rho_i) \tag{4-1}$$

式中: E_{ij} ——路段 i 第 j 类车型的交通能耗/排放;

VKT_i ——路段 i 的自然车公里;

α_{ij} ——第 j 类车型占路段所有自然车的比例;

$EF(\lambda_j, \rho_i)$ ——第 j 类车在路段 i 当前运行状况下的油耗/排放因子。

(2)计算单个路段所有车型的交通能耗和排放。

$$E_i = \sum_j E_{ij} \tag{4-2}$$

式中:E_i ——路段 i 所有自然车的交通能耗/排放;

E_{ij} ——路段 i 第 j 类车型的交通能耗/排放。

(3)计算路网中所有车型的交通能耗和排放。

$$E = \sum_i E_i \tag{4-3}$$

式中:E ——道路网中所有自然车的交通能耗/排放;

E_i ——路段 i 所有自然车的交通能耗/排放。

本书在采用统计数据进行广州市交通系统二氧化碳和空气污染物排放宏观分析的基础上,进一步选取典型道路收集分车型交通流量、机动车行驶状态等交通运行监测数据,车龄、燃油类型、排放标准等车队特征数据,温度、湿度、海拔等城市环境数据,以及道路类型、路段长度等道路数据,采用COPERT模型分析广州市道路交通的排放特征,为未来交通系统的二氧化碳和空气污染物排放预测提供支撑。

4.3.2 测算方法

COPERT 模型中机动车污染物排放包括机动车发动机热稳定运行和冷启动废气排放、汽油车辆燃料蒸发,以及由于道路车辆轮胎和制动磨损、与路面磨损产生的颗粒物排放 4 个来源,分别计算其排放因子。

(1)热稳定运行状态的排放取决于机动车的行驶距离、行驶速度、车龄等。热稳定状态的排放量按式(4-4)计算。

$$E_{热;i,k,r} = N_k \times M_{k,r} \times e_{热;i,k,r} \tag{4-4}$$

式中:$E_{热;i,k,r}$——热稳定状态的排放量,其中 i 代表污染物类型,k 代表车辆类型,r 代表道路类型;

N_k——车辆数;

$M_{k,r}$——平均行驶里程;

$e_{热;i,k,r}$——热稳定状态的排放因子,欧洲环境署自 2006 年起向全社会公开发布《空气污染物排放指南》,提供了不同发动机类型、车辆燃料类型及排放标准下的各类污染物排放因子。《空气污染物排放指南 2023》允许用户按照不同条件筛选排放因子数据,并提供了置信区间最大最小值及参考来源。

(2)冷启动过程的排放主要是来源于城市道路类型,与热稳定排放因子、环境温度、车速等相关;冷启动状态的排放量按式(4-5)计算。其中使用发动机冷启动或低于点火温度下催化剂驱动的里程百分比 β,为平均出行距离 l 和环境温度 t_a 的函数关系,其模型确定的计算式见式(4-6)。冷热排放因子系数 $e_冷/e_热$,与环境温度和污染物类型相关,按式(4-7)计算。

$$E_{冷;i,k} = \beta_{i,k} \times N_k \times M_k \times e_{热;i,k} \times (e_冷/e_热|_{i,k} - 1) \tag{4-5}$$

$$\beta = 0.6474 - 0.02545l - (0.00974 - 0.000385 \times l)t_a \tag{4-6}$$

$$e_冷/e_热 = A \times v + B \times t_a + C \tag{4-7}$$

式中:$E_{冷;i,k}$——冷启动状态的排放量,其中 i 代表污染物类型,k 代表车辆类型;

N_k——车辆数;

M_k——平均行驶里程;

$\beta_{i,k}$——使用发动机冷启动或低于点火温度下催化剂驱动的里程百分比;

t_a——环境温度,可以取月平均气温;

v——平均行驶速度。

欧洲环境署发布的《空气污染物排放指南 2023》中提供了不同燃料类型、不同车型及速度、温度条件下的污染物的相关参数取值。

(3)燃料蒸发排放主要来源于汽油车辆。由于柴油中含有较重的碳氢化合物,具有相对较低的蒸气压,柴油车辆的蒸发排放在计算时可以忽略不计。燃料蒸发排放由温度变化产生的日排放及车辆运行过程中的热浸排放和运行损失 3 部分组成,其排放因子表现为燃料蒸气压和环境温度的函数,排放量按式(4-8)计算。

$$E_{\text{VOCs}} = \sum_S D_S \times \sum_j N_j \times (HS_j + ed_j + RL_j) \qquad (4\text{-}8)$$

式中：E_{VOCs}——VOCs 的年排放量；

D_S——某一特定温度的排放因子的天数；

N_j——汽油车辆数，j 为车辆类型；

HS_j——平均热浸排放量；

ed_j——平均日排放量；

RL_j——平均运行损失排放量。

HS_j 和 RL_j 分别按式(4-9)和式(4-10)计算；其中在没有准备数据情况下，可按式(4-11)计算。

$$HS_j = x\{cp \times e_{s,\text{hot},c} + (1-p) \times e_{s,\text{warm},c} + (1-c) \times e_{s,\text{hot},fi}\} \qquad (4\text{-}9)$$

$$RL_j = x\{cp \times e_{r,\text{hot},c} + (1-p) \times e_{r,\text{warm},c} + (1-c) \times e_{r,\text{hot},fi}\} \qquad (4\text{-}10)$$

$$x = \frac{M_j}{365 \times I} \qquad (4\text{-}11)$$

式中： x——平均每辆车每天行驶次数，单位为次/d；

M_j——汽油车的年平均行驶里程；

j——车辆类型；

I——平均出行距离；

c——装有汽化器或燃料回收装置的汽油车所占百分比；

p——发动机热运行状态（发动机达到正常工作温度，催化剂达到点火温度）的里程所占百分比；

$e_{s,\text{hot},c}$、$e_{s,\text{warm},c}$——装有汽化器或燃料回收装置的汽油车平均热浸排放因子和平均冷-温浸排放因子；

$e_{s,\text{hot},fi}$——无汽化器或燃料回收装置的汽油车的平均热浸排放因子；

$e_{r,\text{hot},c}$、$e_{r,\text{warm},c}$——装有汽化器或燃料回收装置的汽油车平均热运行损失排放因子和平均冷-温运行损失排放因子；

$e_{r,\text{hot},fi}$——无汽化器或燃料回收装置的汽油车的平均热运行损失排放因子。

(4) 车辆轮胎和制动磨损、与路面磨损产生的颗粒物的排放，来源于车辆的轮胎与路面的相互作用以及在车辆减速制动时，与车轴、负载速度等有关，对车辆轮胎和制动磨损产生的排放按式(4-12)计算：

$$TE = \sum_j N_j \times M_j \times EF_{\text{TSP},s,j} \times f_{s,i} \times S_s(v) \qquad (4\text{-}12)$$

式中：TE——定义的时间和空间范围的颗粒物排放量；

N_j——定义的空间范围内的车辆数；

M_j——定义的时间范围内车辆的行驶里程；

j——车辆类型；

$EF_{\text{TSP},s,j}$——车辆的扬尘(Total Suspended Particulates，TSP)排放因子；

$f_{s,i}$——相对于 TSP 的质量百分比；

i——颗粒物类型，包括 PM_{10}，$PM_{2.5}$ 等；

$S_s(v)$——平均车速 v 的修正系数。

4.4 基于大数据的广州市典型道路能耗和排放分析

4.4.1 广州市典型道路简介

选取广州大道和广园快速路两条道路为案例进行道路交通能耗和排放特征分析。两条城市道路是广州市南北向和东西向的重要交通干线通道。

1) 广州大道

广州大道是位于广州市南北中轴线的一条重要的城市主干道,是广州市南北向的交通大动脉,也是中心区的一条常发拥堵路段。为缓解广州大道的交通压力,广州市持续推进新建行人过街天桥、实施快捷化改造工程等措施为广州大道提速。广州大道全线长 17.1km,分为南段、中段、北段,北段(广州大道北)全段位于广州市白云区与天河区内,由大源开始,至先烈路、禺东西路止;中段(广州大道中)由先烈路、禺东西路开始,至广州大桥止;南段(广州大道南)位于海珠区内,由广州大桥南端开始,至洛溪大桥止。考虑到数据体量,本书选择广州大道北为代表分析其能耗和排放特征。

根据监测数据,广州大道北工作日全天的路段交通量约 3.7 万辆,非工作日约 4.5 万辆,工作日和非工作日全天的路段平均车速约为 37km/h,工作日和非工作日的交通量与速度的逐时变化如图 4-5 和图 4-6 所示。广州大道北客运出行特征明显,工作日白天时段的流量变化较平稳,早晚高峰时段交通量略有增长;非工作日晚高峰特征明显,且高峰时段持续时间较长。

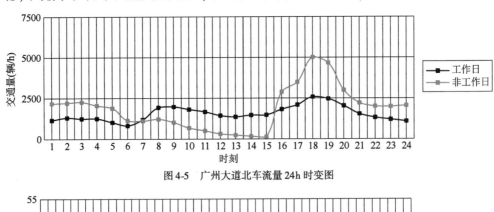

图 4-5 广州大道北车流量 24h 时变图

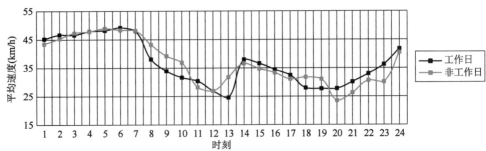

图 4-6 广州大道北路段平均速度 24h 时变图

广州大道北全天各类车型的交通量占比见表4-3。该路段主要承担客运交通出行,货运占比较小。工作日和非工作日小型客车占比分别为71.82%、81.45%,出租汽车占比分别为11.72%、8.44%,轻型货车占比分别为7.10%、5.81%,重型货车占比不到1%。

广州大道北分车型交通量占比(单位:%)　　　表4-3

车型	微型客车	小型客车	中型客车	大型客车	微型货车	轻型货车	中型货车	重型货车	出租汽车	公共汽电车
工作日	0.43	71.82	1.40	2.79	0.24	7.10	0.52	0.70	11.72	3.29
非工作日	0.23	81.45	0.50	2.16	0.10	5.81	0.20	0.46	8.44	0.65

2)广园快速路

广园快速路呈东西走向,是连接广州与东莞两市的城际快速路,同时也是广州市东西走向的城市快速路,横贯天河、黄埔和增城3区,已成为集承担市区内部运输、连接市郊对外公路、服务沿途商贸中心等为一体的快速通道。因其主路段不收费、行车距离较外环高速公路短,市区内部和对外的客货运交通不断增长,导致道路拥堵问题日趋严重。广园快速路西起广州市越秀区与天河区交界处沙河街道,东至东莞市中堂镇,全长47.1km。考虑到数据体量,本书选择以科韵路路口—东二环入口段(里程约13.6km)为代表路段分析其能耗和排放特征。

广园快速路代表路段工作日全天交通量6.2万辆左右,非工作日全天交通量5.5万辆左右,工作日和非工作日全天平均行驶速度均在49km/h左右,工作日和非工作日的交通量和速度的逐时变化如图4-7和图4-8所示。广园快速路代表路段是广州市区东北部出入口的干线公路,承担了大部分的对外客货运交通运输功能,该道路工作日和非工作日流量变化特征较为一致,白天时段的流量变化较平稳,早晚通勤出行特征不明显,且城市公共汽电车和出租汽车占比较小。

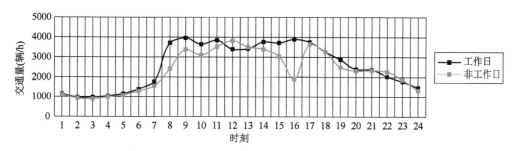

图4-7　广园快速路代表路段交通量24h时变图

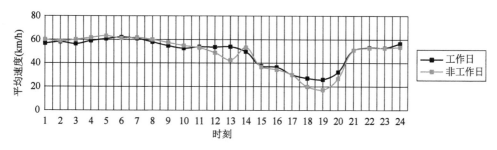

图4-8　广园快速路代表路段平均速度24h时变图

广园快速路代表路段全天各类车型的交通量占比见表4-4。工作日和非工作日小型客车占比分别为68.90%、70.19%，轻型货车占比分别为13.00%、12.38%，重型货车占比分别为8.32%、8.22%。

广园快速路代表路段分车型交通量占比(单位:%) 表4-4

车型	微型客车	小型客车	中型客车	大型客车	微型货车	轻型货车	中型货车	重型货车	出租汽车	公共汽电车
工作日	0.20	68.90	1.08	3.46	0.18	13.00	2.59	8.32	1.48	0.79
非工作日	0.25	70.19	0.91	3.02	0.11	12.38	2.49	8.22	1.63	0.81

4.4.2 广州市典型道路的能耗及排放因子确定

应用COPERT模型计算道路交通能耗和排放量,首先需要对模型输入的参数进行本地化处理。模型输入参数有车辆保有量、车型、分车型车辆里程分布、平均运行速度、年平均行驶里程、平均出行距离、累计行驶里程、负载、道路坡度、气候和燃油品质等数据参数。计算过程如图4-9所示。

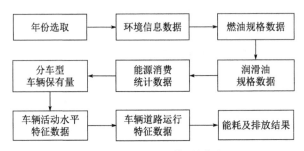

图4-9 应用COPERT模型计算流程

(1)按车辆类型分为微型、小型、中型、大型客车,公共汽电车、出租汽车,微型、轻型、中型、重型货车;按燃油类型分为汽油、柴油、天然气及新能源;按排放标准分为国一、国二、国三、国四、国五。其中,客货运车辆、公共汽电车、出租汽车等营运性车辆车型通过城市客运报表和交通运输客货运企业调研数据获取,其他中小客车根据历年广州市中小客车保有量数据和排放标准实施进度确定。

(2)COPERT模型将道路类型分为高速公路、城市道路和县乡道路3种,车辆里程分别为高速公路、城市道路和县乡道路的行驶里程占比情况,三者占比之和为100%,城市道路分高峰和非高峰时段。

(3)客货运车辆、公共汽电车、出租汽车等营运性车辆年平均行驶里程、累计行驶里程依据城市客运燃油相关报送数据和广州市公共汽电车、出租汽车、货运企业调研数据并参考《道路机动车大气污染物排放清单编制技术指南(试行)》。

(4)平均出行距离为机动车一个运行过程所走的平均距离(针对客车和轻型货车),取值范围为8~15km,缺少相应数据时建议取值为12.4km。

(5)环境信息数据来源于中国气象网,包括月最高气温、最低气温和平均湿度。燃油规格数据和润滑油规格数据作为系统默认值。燃料参数包括燃料蒸气压和燃料中各种成分的含量。参照《车用汽油》(GB 17930—2016),我国车用汽油蒸气压可设置为冬季(9月—次年2

月)74kPa,夏季(3—8月)88kPa。

(6)机动车负载状况和道路坡度均会对机动车排放因子造成影响。负载、道路坡度参考已有研究结论,负载按50%,坡度取值0。

广州市地方标准《城市道路交通运行评价指标体系》(DB4401/T 57—2020)中按快速路、主干道、次干道和支路进行路段运行等级划分,包括畅通、基本畅通、轻度拥堵、中度拥堵、严重拥堵5个级别,以DB4401/T 57—2020中道路交通运行等级划分为参考(表4-5),计算畅通、基本畅通、拥堵3个运行等级的城市道路交通能耗和排放因子。

道路交通运行等级划分(单位:km/h)　　　　　　　　　　　　　　表4-5

道路交通运行等级	畅通	基本畅通	拥堵
快速路	$v>65$	$50<v\leqslant65$	$15<v\leqslant50$
主干道	$v>45$	$35<v\leqslant45$	$15<v\leqslant35$
次干路、支路	$v>35$	$25<v\leqslant35$	$15<v\leqslant25$

注:v为路段的平均行驶速度。

应用COPER模型计算3种运行状态下各类车型的能耗和排放因子。计算结果见表4-6。

广州市城市道路3种运行状态的能耗和排放因子　　　　　　　　　　表4-6

运行特征	车型	能耗(kgce/km)	CO_2(g/km)	NO_x(g/km)	VOCs(g/km)	$PM_{2.5}$(g/km)
畅通	微型客车	0.0547	115.0045	0.0336	0.1621	0.0144
	小型客车	0.0669	140.8340	0.0447	0.1878	0.0144
	中型客车	0.0733	156.5826	0.2886	0.0491	0.0244
	大型客车	0.2527	549.5380	3.6437	0.1249	0.1089
	微型货车	0.1067	225.2073	0.0408	0.0597	0.0196
	小型货车	0.1340	291.3181	2.0003	0.0612	0.0786
	中型货车	0.2004	435.7033	3.0574	0.0919	0.0934
	重型货车	0.2117	460.2876	3.5109	0.1042	0.0993
	出租汽车	0.0817	136.7162	0.0351	0.0517	0.0144
	公共汽车	0.3647	—	—	—	—
基本畅通	微型客车	0.0571	120.1436	0.0705	0.2006	0.0160
	小型客车	0.0726	152.8888	0.0878	0.2363	0.0160
	中型客车	0.0791	169.0844	0.3366	0.0734	0.0267
	大型客车	0.2701	587.1765	4.2996	0.1428	0.1212
	微型货车	0.1209	255.2145	0.0732	0.0852	0.0221
	小型货车	0.1355	294.5903	2.0723	0.0764	0.0879
	中型货车	0.2109	458.5492	3.2174	0.1156	0.1062
	重型货车	0.2261	491.5006	3.8370	0.1288	0.1117
	出租汽车	0.0885	148.0206	0.0724	0.0756	0.0160
	公共汽车	0.3647	—	—	—	—

续上表

运行特征	车型	能耗 (kgce/km)	CO_2 (g/km)	NO_x (g/km)	VOCs (g/km)	$PM_{2.5}$ (g/km)
拥堵	微型客车	0.0616	129.5866	0.0804	0.2175	0.0165
	小型客车	0.0792	166.7543	0.0978	0.2578	0.0165
	中型客车	0.0850	181.6351	0.3664	0.0880	0.0280
	大型客车	0.3166	688.4100	5.6019	0.1967	0.1406
	微型货车	0.1478	312.0672	0.0835	0.1014	0.0229
	小型货车	0.1554	337.9849	2.4562	0.1029	0.0977
	中型货车	0.2467	536.4932	3.8376	0.1620	0.1239
	重型货车	0.2698	586.6943	4.6360	0.1819	0.1317
	出租汽车	0.0953	159.4342	0.0831	0.0901	0.0165
	公共汽电车	0.3647	—	—	—	—

注：考虑广州市公共汽电车已实现电动化，只考虑电力消费，参考广州市公共交通集团有限公司的新能源车运行监测数据取值。

4.4.3 广州市典型道路能耗和排放特征

1) 广州大道北交通能耗和排放特征

广州大道北全天能耗和排放量计算结果见表4-7。对比该道路工作日和非工作日能耗和排放情况，非工作日能耗、CO_2、$PM_{2.5}$、VOCs比工作日分别高17.8%、18.4%、12.3%、30.9%，NO_x排放量基本相当；工作日和非工作日VOCs的排放量相差较大，主要是由于小型客车数量的差异较大，非工作日该路段增加的交通量以小型客车为主。

广州大道北全天交通能耗和排放量　　　　表4-7

指标	能耗(kgce/d)	CO_2(kg/d)	NO_x(g/d)	$PM_{2.5}$(g/d)	VOCs(g/d)
工作日	27417.28	56759.83	129776.42	7879.62	61146.10
非工作日	32303.11	67210.49	131016.59	8846.70	80025.48

工作日和非工作日不同排放标准车辆的二氧化碳和空气污染物排放分担率如图4-10和图4-11所示。工作日，二氧化碳排放主要来自国三、国四和国五车型，其中国四车型的排放占比最高，约为47%；其次为国三(30%)和国五(20%)车型。NO_x排放主要来自国三、国四车型，其中国三车型的排放占比最高，约为43%；国四车型的排放占比约37%。$PM_{2.5}$和VOCs排放中，国四车型的排放占比最高，分别约为40%和42%；国三车型的排放占比分别约为37%和36%。非工作日不同排放标准车辆的二氧化碳和空气污染物排放的构成特征与工作日基本一致。

该道路的二氧化碳和污染物排放中，国三、国四车型仍然占很大比例(近80%)，未来应继续加大对国三、国四车型的管控措施。NO_x排放中，国三及以下车型的排放量占比接近60%，应加速淘汰国三以下老旧车辆或实施限行等措施来大幅度降低NO_x的排放。

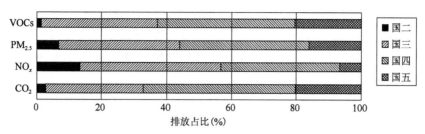

图 4-10　广州大道北不同排放标准车型的排放分担率（工作日）

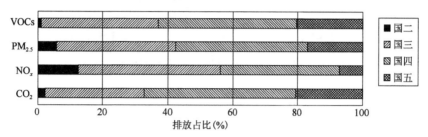

图 4-11　广州大道北不同排放标准车型的排放分担率（非工作日）

工作日和非工作日不同车型的二氧化碳和空气污染物排放分担率如图 4-12 和图 4-13 所示。其中，小型客车是 CO_2、VOCs 及 $PM_{2.5}$ 排放的主要来源，特别是 CO_2 和 VOCs 的排放基本来源于小型客车，其排放占比分别达到 70% 和 90% 左右。因此，采取合理控制小汽车保有量增长，加强小汽车出行的需求引导等措施来降低小型客车出行量对广州市 CO_2、VOCs 及 $PM_{2.5}$ 减排具有重要贡献。轻型货车和大型客车是该道路 NO_x 排放的主要来源，其排放占比分别约为 38% 和 32%。同时，轻型货车和大型客车也是 $PM_{2.5}$ 排放的重要来源，其排放占比分别约为 25% 和 13%。因此，也需要关注轻型货车和大型客车相关的管控措施，以有效降低 NO_x 和 $PM_{2.5}$ 排放。

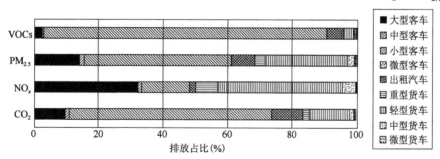

图 4-12　广州大道北分车型的排放分担率（工作日）

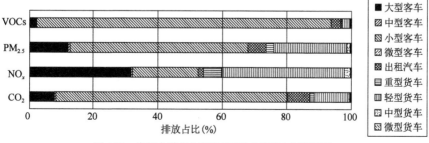

图 4-13　广州大道北分车型的排放分担率（非工作日）

图 4-14～图 4-16 展示了广州大道北二氧化碳和空气污染物排放的逐时变化情况。工作日排放变化呈现早晚"双峰"特征,8:00—10:00 时段以及 17:00—19:00 时段的二氧化碳和空气污染物排放处于高位。其中,NO_x 排放主要与轻型货车、大客车数量相关,9:00—10:00 时段和 16:00—17:00 时段达到最高值。

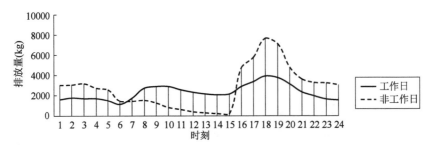

图 4-14　广州大道北全天二氧化碳排放量 24h 时变图

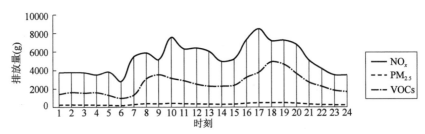

图 4-15　广州大道北主要污染物排放量 24h 时变图(工作日)

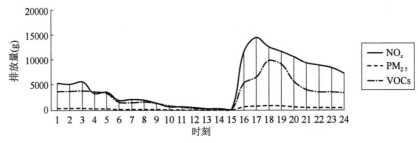

图 4-16　广州大道北主要污染物排放量 24h 时变图(非工作日)

非工作日排放呈现明显的晚高峰特征且持续时间较长,16:00—20:00 时段持续处于高位。其中,NO_x 排放主要与轻型货车、大客车数量相关,16:00—17:00 达到最高值。

2)广园快速路代表路段交通能耗和排放特征

广园快速路代表路段全天能耗和排放量计算结果见表 4-8。其中,工作日的能耗和二氧化碳排放量均高于非工作日 12.8% 左右,NO_x、$PM_{2.5}$ 和 VOCs 排放量分别高于非工作日 16.3%、14.6%、10.1%。

广园快速路代表路段全天交通能耗及排放量　　　表 4-8

指标	能耗 (kgce/d)	CO_2 (kg/d)	NO_x (g/d)	$PM_{2.5}$ (g/d)	VOCs (g/d)
工作日	90786.80	193775.22	789773.54	34043.06	170574.07
非工作日	80524.87	171727.64	679081.22	29693.35	154862.51

不同排放标准车型的排放分担率如图 4-17 和图 4-18 所示。二氧化碳排放主要以国三和国四车型为主,其中,国四车型的排放占比最高,约为 46%;其次是国三车型,约占 34%;国五车型的排放占比仅为 14%。空气污染物排放也主要以国三和国四车型为主,其中,国三车型的 NO_x、$PM_{2.5}$ 和 VOCs 排放占比分别约为 40%～42%;国四车型的 NO_x、$PM_{2.5}$ 和 VOCs 排放占比分别约为 36%～38%。此外,国三以下车型也是 NO_x 和 $PM_{2.5}$ 的重要排放源,其排放占比分别约为 17% 和 12%,而国五车型的 VCOs 排放占比也较高,占 18% 左右。未来应继续加大对国三和国四车型的管控措施,加速淘汰国三及以下老旧车辆或实施限行等措施大幅度减少 NO_x、$PM_{2.5}$ 排放。

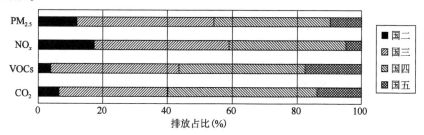

图 4-17　广园快速路代表路段不同排放标准车型的排放分担率(工作日)

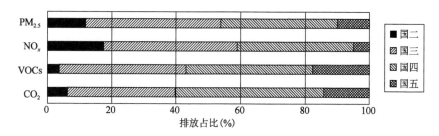

图 4-18　广园快速路代表路段不同排放标准车型的排放分担率(非工作日)

工作日和非工作日不同车型的二氧化碳和空气污染物排放分担率如图 4-19 和图 4-20 所示。小型客车、轻型货车及重型货车对该道路排放分担最大。小型客车的二氧化碳排放占比最高,达 48% 左右;其次是重型货车和轻型货车,分别为 18%、17% 左右。VOCs 排放以小型客车为主,占比高达 85% 左右;$PM_{2.5}$ 排放以小型客车、轻型货车和重型货车为主,占比均接近 30%;NO_x 排放中,重型货车和轻型货车占比较高,占比分别为 35% 和 30% 左右。

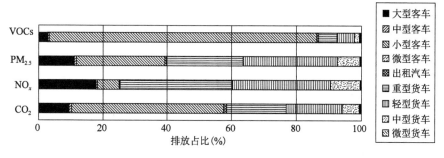

图 4-19　广园快速路代表路段分车型的排放分担率(工作日)

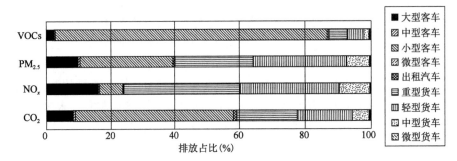

图4-20　广园快速路代表路段分车型的排放分担率(非工作日)

图4-21～图4-23展示了广园快速路代表路段二氧化碳和主要空气污染物排放的逐时变化情况。可以看到，不管是二氧化碳排放还是空气污染物排放，工作日和非工作日的排放时变特征基本一致，无明显的早晚高峰，且白天时段变化较稳定。受夜间重型货车数量影响，NO_x排放在凌晨1:00—早上7:00时段内仍然处于较高水平。

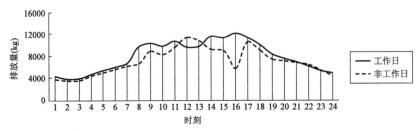

图4-21　广园快速路代表路段交通二氧化碳排放量24h时变图

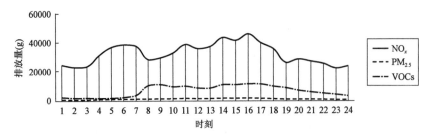

图4-22　广园快速路代表路段主要空气污染物排放量24h时变图(工作日)

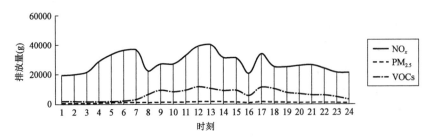

图4-23　广园快速路代表路段主要空气污染物排放量24h时变图(非工作日)

4.5 广州市道路交通减排重点方向

综合上述广州大道北、广园快速路代表路段 2 条道路的工作日和非工作日能耗和排放特征分析,总结广州市道路交通重点减排方向如下:

(1) 虽然广州市自 2017 年 7 月开始实施国五标准,但是国三、国四车的排放占比仍然较大(80% 左右),是广州市道路交通二氧化碳和空气污染物排放的主要来源。未来需要加大国三、国四老旧车辆的淘汰更新力度,通过扩大货车限行政策等对国三及以下的柴油车通行进行管控。

(2) 市内主要道路的二氧化碳和空气污染物排放来自小型客车、轻型客车、大型客车和重型货车以及出租汽车,也是广州市道路交通减排的重要方向。未来要继续加强对小型客车拥有、使用等方面的引导和管控,大力发展公共交通,同时促进出租汽车、私家车电动化;通过客运班线公交化改造,线路资源优化整合,促进客运企业规模化发展;通过运输结构调整来减少大宗货物公路运输,采用先进运输组织模式以提高公路货运效率,同时促进新能源物流车的推广应用。

(3) 从道路交通特征来看,排放动态变化与交通量变化特征基本一致,畅通运行状态的排放显著低于拥堵状态。因此,改善道路交通拥堵状况,提升道路交通运行水平,优化道路交通客货运输结构等也是广州市道路交通减排的重要方向。需要从基础设施建设改造、智能化交通控制管理手段、交通需求管理等多方面综合考虑。

4.6 广州市道路交通精细化管理建议

4.6.1 客运交通

1) 强化数据驱动的拥堵治理及需求管理

在完善提升道路设施供给能力,实施拥堵路段节点改造治理的同时,应充分借助大数据、信息化等技术深入挖掘居民出行行为机理、信息化时代下的出行需求变化,以城市交通可持续发展为目标,从根源上提出实现总量控制、出行分布调整、出行空间均衡、出行时间调控、交通结构优化的长效发展的需求管理策略等,发挥交通组织管理优势并引导供需,从而实现交通网络的精准化调控与匹配,提高整体交通网络运行效率。

在出行分布调整方面,通过以公共交通为导向的发展模式(Transit-Oriented Development,TOD)布局规划调整居民出行分布,缩短出行距离,集中且长距离的出行需求,有针对性地配置快速公共交通资源等;在出行空间均衡方面,通过路径诱导、信息推送等对出行路径进行智能化推荐,实施区域拥堵收费措施等;在出行时间调控方面,引导居民错峰出行,有弹性上下班等;在交通结构优化方面,继续实施城市公共交通系统的优化,智能化调度,绿色出行一体化服务,重点路段设置高乘载车道(High Occupancy Vehicle lane,HOV lane)等管理策略。

2)推动旅客运输联程联运及融合发展

道路客运行业正处于转型升级的关键阶段,通过资产重组、合作并购、资源共享等模式,不断提升道路客运企业规模化、集约化水平,形成集约化程度高、大型客运集团公司和品牌运输为主导,中小型客运企业为辅的客运市场分工格局。

以优化运输组织、促进各种运输方式服务融合为切入点,打造旅客联程运输系统,推动城市客运服务创新发展。坚持公共交通引导城市发展理念,以轨道综合客运枢纽为抓手加强多层次轨道间及轨道与常规公交等多种交通方式之间的衔接,促进省际客运、城际客运、城市客运系统融合发展。依托城际轨道发展,整合跨市客运,积极引导鼓励短途客运班线进行公交化改造,打造覆盖大湾区的城际公交化客运线路网络。积极推进"互联网+"道路客运发展模式,开展形式多样的定制客运服务。

3)打造"零排放"城市客运交通体系

继续加快新能源汽车在城市公交、出租汽车、分时租赁等领域的推广应用,实现城市公共汽车、出租汽车、共享汽车全面电动化,对公交化运营城际客运线路、机场巴士等公共领域全面推广应用新能源车辆,城市水上公交领域新建和更换运输船舶推广使用新能源或清洁能源,打造"零排放"城市客运交通体系。同时,进一步通过降低购置成本、降低使用成本,激励用户购买和使用新能源汽车,培育新能源汽车市场,稳步提升新能源汽车保有量。

推进电动化、智能化一体化发展,探索推行"出行即服务"的新型交通出行服务模式。建设南沙车联网(智能网联)先导区,推动广州智能网联汽车和车路协同发展,加快基于5G NR网络的车联网通信技术(5G-V2X)基础设施建设和应用场景示范,探索智能网联汽车产业化和商业化路径,打造智能网联汽车和智慧交通、智能出行产业聚集区。

4.6.2 货运交通

1)加快国三以下柴油货车淘汰治理

大力淘汰老旧柴油货车,进一步通过经济补偿、限制使用、严格超标排放监管方式,加快推进国三及以下排放标准营运柴油货车提前淘汰更新,同时,应充分考虑车主意愿、路权需求等,研究制订实施方案。通过对于车龄较短,具备改造条件的柴油车,考虑适当进行治理改造及在线监测措施。

经济补偿方面,结合新能源货车补贴政策、车辆淘汰补贴政策,在限制使用方面通过限行道路和区域向新能源货车开放,扩大柴油货车限行的范围和时间,划定市区超低排放区;严格超标排放监管方面,强化对中型、重型柴油货车的监管执法、强化机动车维修污染排放检测业务的监管,严厉查处弄虚作假等违规经营行为,促使维修企业提高排放超标车辆的维修服务水平。

2)推进城市物流车全面电动化

落实新能源货车差别化通行管理政策,制定出台新能源城市配送车辆的便利通行政策,健全新能源物流车辆财政补贴政策,加强对新能源物流车运营补贴,大力推进新能源汽车在货运物流领域的应用。推动城市配送的微型、轻型柴油货车全面应用纯电动车型,中重型长距离运输货车试点推广燃料电池车型。

加快推进新能源物流车配套体系建设,完善公共充电桩、加氢站等设施布局建设,鼓励物流企业利用自有停车站场建设集中充电站,并对外提供公共充电服务。加强新能源物流车辆运行的动态监测,鼓励新能源汽车生产企业与物流企业合力构建车辆运营监控平台,打造智慧物流和绿色物流,通过模块化、标准化和线上整合物流需求等方式提高运输效率。

3)持续推进运输结构调整

统筹优化货运枢纽布局,完善枢纽集疏运体系建设,引导推动广州市公路大宗货物向铁路、水路运输方式转变。结合产业结构和运输需求挖掘"公转铁"潜力,确定适合"公转铁"的重点货类和物流枢纽,推进大型工矿企业和物流园区铁路专用线建设,充分利用已有铁路专用线能力,提升铁路运输比例。进一步提高公铁运输装备标准化程度,实现公铁运输模式转换无缝衔接,推进完善铁路运价、大宗货物铁路运力和运价等方面配套机制政策。扩大甩挂运输、驮背运输、共同配送等绿色高效的运输组织模式和新能源运输装备在公铁联运中的应用。

建设广州港口型物流枢纽,优化完善集港口疏运网络,推动广州港铁水联运、江海联运发展。加快南沙港铁路和配套站场建设,开展南沙港区粮食和通用码头建设铁路专用线研究,打通铁水联运最后一公里。构建以广州港南沙港区为核心的珠江—西江流域江海联运网络,拓展珠江、西江内河集装箱等驳船运输网络建设。

4.6.3 能耗和排放监测管理能力建设

强化广州市交通运输能耗和排放数据基础,一方面进一步完善交通运输能耗统计工作机制,另一方面联合公安、交通、环境等部门的交通、环境数据,应用监测技术手段,研究建立广州市交通运输能耗和排放监测方法及监测平台,提升交通运输节能减排辅助决策和精细化管理水平。在宏观层面实现对交通能耗和排放总量的核算、目标制定及分解,在中观路网层面实现交通战略规划的能耗和排放情景分析,以及交通政策措施的节能减排效应评估;微观实时交通流的路网动态层面实现为路网能耗和排放清单、路网污染指数评价、单车能耗和排放动态监测、高能耗排放车辆识别等提供数据支撑。

第 5 章

广州市交通系统二氧化碳和空气污染物排放情景分析

5.1 城市交通系统二氧化碳和空气污染物排放模型构建

为分析实现碳达峰碳中和及空气质量达标双重目标下广州市交通系统的可持续发展路径,根据广州市交通系统的特征,研究构建了 LEAP-广州交通双达模型(图 5-1),以 2020 年为基准年,以 2025 年和 2035 年为目标年,采用情景分析的方法,分析未来广州市交通系统的节能减排潜力,从而探讨其可持续发展的路径。

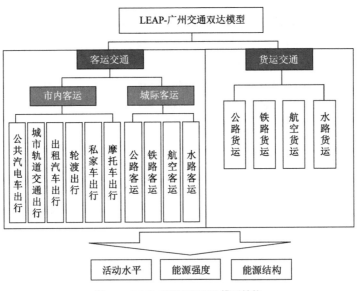

图 5-1 LEAP-广州交通双达模型结构

LEAP-广州交通双达模型将广州市交通系统按分层的树形结构进行组织。按照服务对象分为客运交通和货运交通,按照服务的地域特征和类型将客运交通细分为公共汽电车、城市轨道交通、出租汽车、城市客运轮渡和私家车、摩托车出行等市内客运交通以及公路、铁路、航空和水路城际客运交通,货运交通细分为公路、铁路、航空和水路货运交通。在每一种运输方式下,进一步根据燃料类型对不同的运输工具进行细分,如私家车分为汽油车、混合动力车、纯电动车等。

模型的模拟过程主要分为4个部分:能源消费需求、二氧化碳排放量、空气污染物排放量和减排潜力计算,主要依据不同交通发展情景下各运输类型的活动水平、能源利用效率和燃料类型等进行。其中,活动水平和能源利用效率主要根据数据的可获得性进行定义,如公共汽电车、出租汽车、私家车和摩托车的活动水平定义为交通工具的数量及其年行驶里程,对应的能源利用效率为单位行驶里程综合能耗;城市轨道交通和公路、铁路、航空、水路客运及货运的活动水平定义为客运/货运周转量,对应的能源利用效率为单位客运/货运周转量综合能耗。

5.2 广州市交通系统二氧化碳和空气污染物排放情景设置

情景分析法是通过设计不同的发展目标,探讨各种可能情景的变化空间的研究方法,其最大的优势是能够发现未来变化的趋势和路径,从而更好地把握研究对象的发展方向。

根据与未来经济社会、技术发展、消费方式密切相关的主要因素,在既定的经济社会发展目标下,设计了3种交通发展情景,即现有政策情景、低碳情景、双达情景。通过分析不同发展情景下交通系统未来的二氧化碳和空气污染物排放,进而梳理出未来广州市交通系统的可持续发展路径。

1) 现有政策情景

现有政策情景指在新常态经济发展模式下,以广州市"十三五"期间已发布的政策文件为导向,按照该阶段的实施力度执行现有政策措施,争取运输结构、能源结构、能源利用效率均较现状水平有所优化和提高。

具体包括:优化交通运输结构,继续实施中小客车总量调控,优先发展公共交通,到2035年公共交通机动化分担率达到64%;城际客运和货运交通中推广使用铁路、水路运输,以部分分流公路和航空运输。注重交通工具的清洁化改造,在公共汽电车、出租汽车全部更换为纯电动车的基础上,到2035年私家车的纯电动化率达到20%,天然气车、电动车也将逐渐适用于公路客货运输,铁路运输的电动化趋势明显。交通工具的能效水平达到规划目标。

2) 低碳情景

在现有政策情景基础上,进一步鼓励发展城市公共交通,大力发展铁路和水路运输,提高交通工具的能源利用效率,加快燃料的电气化转化,实现广州市交通系统碳排放达到峰值。

具体包括:继续优化客货运输结构,市内客运大力发展公共交通,到2035年公共交通分担率提高到68%;城际客运交通中,鼓励优先发展铁路运输;货运交通中,继续促进水路货运的稳定发展,适当发展铁路货运。加快交通系统电气化进程,鼓励发展氢燃料电池汽车和生物燃油技术,到2035年私家车的纯电动化率提高到30%以上;公路客运的天然气车和电动车占比提高到10%,铁路客运的电动化率达到100%,生物燃油在航空客运和水路客运中分别占到5%和8%;公路货运的天然气车、电动车和氢燃料电池汽车占比分别提高到7%、18%和5%,航空货运中生物燃油消费比例达到5%,水路货运中天然气和生物燃油的消费比例分别达到

14%和6%。交通工具的能效水平达到届时的全国先进水平。

3）双达情景

在低碳情景基础上，对广州市交通系统采取力度更大的政策措施，使得交通运输模式发生革命性变化，交通工具的能源利用效率和交通能源结构清洁化水平显著提高，排放标准进一步提高，实现交通系统空气污染物达标。

具体包括：进一步发展公共交通，到2035年公共交通机动化分担率提高到73%；继续大力发展铁路运输，实现到2035年铁路运输客运量占比达到40%以上；实现到2035年水路和铁路货运量占比均提高到45%以上。进一步加快交通系统电气化进程，推动氢燃料电池汽车和生物燃油在交通系统的使用，到2035年私家车的纯电动化率提高到50%；公路客运的天然气车和电动车占比分别提高到15%和30%，生物燃油在航空客运和水路客运中均占到10%左右；公路货运的天然气车、电动车和氢燃料电池汽车占比分别提高到10%、30%和10%，航空货运中生物燃油消费比例达到10%，水路货运中天然气和生物燃油的消费比例分别达到20%和10%。交通工具的能效水平达到届时的世界先进水平。公路客/货运2025年采用国六B标准，其他运输方式排放标准在现有基础上提高10%。

5.3 广州市交通系统二氧化碳和空气污染物排放参数设置

5.3.1 客货运输量变化趋势

1）市内客运需求变化趋势

市内客运交通主要包括公共汽电车、城市轨道交通、出租汽车、城市客运轮渡等公共交通出行方式以及私家车和摩托车等私人出行方式。广州市一直致力于发展公共交通，并于2012年实施中小客车总量调控政策。2019年，全市公共交通出行占机动化出行的比例约为62%。2020—2022年，受新冠疫情的影响，公共交通出行占机动化出行的比例有所下降，到2022年约为49%，千人小汽车拥有量增长至135辆，略低于我国平均水平（140辆）。随着未来城市人口的持续增长，市内客运出行需求也将继续增长。根据《广州市交通运输"十四五"规划》[114]等文件，未来广州市将继续大力发展公共交通，严格控制私家车的数量和出行频率，进一步提高公共交通出行比例。预计2035年在现有政策情景、低碳情景和双达情景下，广州市公共交通出行占机动化出行的比例将分别达到64%、68%和73%；全市私家车保有量将分别增长至500万辆、480万辆和450万辆，年平均行驶里程将较2020年水平下降13%、16%和19%；同时，考虑到新能源汽车技术的日益成熟，预计未来私家车中的纯电动车占比将逐渐增大。

对于城际客运，广州是我国经济较为发达的城市之一，出行需求已相对较高，预计未来广州市的客运需求将继续增长，但增长的幅度将低于全国平均水平。根据广州市2005—2022年的地区生产总值、常住人口以及城际客运需求数据的拟合关系，以及未来的地区生产总值发展趋势，预测在现有政策情景、低碳情景和双达情景下广州市到2035年的城际客运周转量将分别达到 2662 亿人公里、2637 亿人公里和 2634 亿人公里。

此外,城际客运交通运输结构直接决定城际客运交通的二氧化碳和空气污染物排放。现有研究普遍认为航空和公路运输仍将是未来最主要的城际出行方式。为了促进城际客运交通的节能减排,未来将加强铁路等低能耗运输方式的发展,以部分分流航空和公路客运。预计广州市到 2035 年的铁路客运占比将逐渐提升,航空客运和公路客运占比有所下降,但仍将是广州市城际客运交通出行的重要运输方式,公路、铁路、航空和水路客运周转量结构将由 2020 年的 14.37∶6.22∶79.40∶0.01 调整为现有政策情景下的 2.71∶7.55∶89.73∶0.01,低碳情景下的 2.53∶8.67∶88.79∶0.01,双达情景下的 2.32∶10.13∶87.54∶0.01。

2) 货运需求变化趋势

货物运输受经济形势,特别是第二产业发展影响较大。考虑到未来广州市经济将由高速发展向高质量稳定发展转化,经济增长速度将逐渐放缓,同时,产业结构将继续优化,由此必将带来未来货运需求增速放缓。根据广州市 2005—2022 年的地区生产总值、第二产业增加值以及货运需求数据的拟合关系,以及未来的地区生产总值发展趋势,预测广州市到 2035 年的货运周转量将达到 25600 亿 t·km 左右。

就运输结构而言,水运作为最经济和低碳的运输方式,未来的货运需求将持续增长。考虑到人们对时效性要求的不断提高,预计广州市未来的公路和航空货运周转量占比也将逐渐增长。考虑到不同货运方式的能源利用效率,在可持续发展的要求下,需要鼓励远距离货运采用铁路和水路运输,以部分分流公路和航空货运量,有效降低其货运需求的增长幅度。预计到 2035 年,公路、铁路、航空和水路货运周转量结构将由 2020 年的 3.04∶0.11∶0.30∶96.55 调整为现有政策情景下的 3.27∶0.19∶0.38∶96.16,低碳情景下的 3.12∶0.20∶0.36∶96.32,双达情景下的 2.97∶0.21∶0.34∶96.48。

5.3.2 能源结构变化趋势

广州市交通系统的能源消费以石油制品为主,随着能源危机、空气污染以及气候变暖问题的日益突出,天然气、电力、氢能和生物燃油等清洁能源和可再生能源的使用将越来越受到人们的青睐。

纯电动汽车被认为是我国汽车行业的发展战略,未来将普遍应用于公共汽电车、出租汽车、私家车和物流车领域。2021 年 1 月出版的《节能与新能源汽车技术路线图 2.0》[115]提出,到 2035 年全国节能汽车和新能源汽车销量各占 50%,其中纯电动汽车占新能源汽车的 95% 以上。国务院办公厅 2020 年 10 月印发的《新能源汽车产业发展规划(2021—2035年)》[116]提出,到 2025 年新能源汽车市场竞争力明显提高,销量占当年汽车总销量的 25%。广州市作为我国最主要的新能源汽车产业基地和消费市场,预计未来私家车的电动化水平必将大幅度提高。《中共广州市委 广州市人民政府关于完整准确全面贯彻新发展理念 推进碳达峰碳中和工作的实施意见》[117]和《国家碳达峰试点(广州)实施方案》[118]均提出要加快推广新能源汽车应用,逐步提高新能源汽车在新车产销和汽车保有量中的占比。预计到 2035 年,在现有政策情景、低碳情景、双达情景下,广州市私家车的电动化率将分别达到 20%、30% 和 50%。

天然气被认为是较煤炭、石油清洁的化石燃料,是国家优先推广的清洁低碳能源,广泛应用于发电、工业生产和居民生活领域。交通系统也鼓励在公路客、货运和水路货运交通中推广利用天然气。2013年,交通运输部出台《关于推进水运行业应用液化天然气的指导意见》[119]并于2018年就《关于深入推进水运行业应用液化天然气的意见》[120]公开征求意见,以期促进天然气在水运交通中的应用。《广东省综合交通运输体系"十四五"发展规划》[121]和《广州市交通运输"十四五"规划》[114]中也明确提出要大力推进天然气在道路交通中的应用。鉴于此,预计到2035年,在现有政策情景、低碳情景、双达情景下,广州市公路客、货运和水路货运交通中天然气的利用比例将分别达到10%、15%和20%左右。

氢能作为一种来源极为丰富、能量密度高、清洁无污染的能源,具有明显的环保优势和高功率特性,一直被认为是解决未来人类能源危机的终极方案。在交通系统,氢燃料电池电动汽车具有燃料加注时间短、能源转换效率高、续驶里程长、无污染等特点,是传统燃油汽车的理想替代品。我国在2006年就将氢能和燃料电池写入《国家中长期科学和技术发展规划纲要(2006—2020年)》;2014年6月国务院办公厅印发的《能源发展战略行动计划(2014—2020年)》中,正式将"氢能与燃料电池"作为能源科技创新战略方向;2019年氢能首次写入了《政府工作报告》。预计未来氢能在交通系统的应用将日益广泛。作为华南地区经济和交通中心,未来广州市也必将大力推广氢能在交通系统的应用。预计到2035年,在现有政策情景、低碳情景、双达情景下,广州市氢燃料电池电动公共汽车和货车的占比分别达到2%、5%和10%。

此外,生物燃油是由生物质制成的液态燃料,可以替代石油制品在交通系统的应用,并能有效减少温室气体和空气污染物排放,被认为是实现航空和水路运输碳排放零增长的重要途径。以生物柴油为例,其尾气中的颗粒物排放为普通柴油的20%,CO和CO_2排放量为普通柴油的10%,无硫化物排放。国际能源署2012年发布的《交通用生物燃料技术路线图》预测,到2050年生物燃料占交通运输燃料总量的比重将上升到27%。预计到2035年,在现有政策情景、低碳情景、双达情景下,广州市航空和水路货运的生物燃油利用比例将分别达到2%、5%和10%。

5.3.3 交通工具的能源利用效率变化趋势

交通工具能源利用效率的提升也是交通系统节能减排的重要途径。现有交通工具的能源利用效率已较为稳定,短期内大幅提高的可能性较小,如《广东省交通运输节能减排"十二五"发展规划》[122]中提出"十二五"期间营运客车、货车和船舶的单位运输周转量能耗下降目标分别为6%、12%和15%,而在《广东省交通运输节能减排"十三五"发展规划》[123]中上述下降目标分别为2.5%、7%和6%。长期而言,随着未来技术水平的不断提高,各种交通工具的单位能耗仍有望进一步下降。根据2017年出版的《重塑能源:中国——面向2050年能源消费和生产革命路线图(交通卷)》[22],市内客运单位运输量能耗强度下降将主要依靠燃料替代实现,城际客运和货运交通工具的能效提升将主要依靠技术进步和管理水平的提升。由此预计到2035年,在现有政策情景下广州市各类型交通工具的能源利用效率将平均提高10%,在低碳情景下平均提高15%,在双达情景下平均提高20%。

5.4 广州市交通系统二氧化碳排放情景分析

5.4.1 二氧化碳排放总体趋势

根据广州市交通系统的现状特征,构建 LEAP-广州交通双达模型,采用情景分析的方法,分析在现有政策情景、低碳情景和双达情景下广州市交通系统未来的二氧化碳排放水平。

根据模拟结果(图 5-2),在现有政策情景下,未来广州市交通系统的二氧化碳排放将保持增长的趋势,但增长幅度将明显降低,到 2035 年,全市交通系统的二氧化碳排放量将达到 5368 万 t,较 2020 年增长近 27.3%,"十四五""十五五""十六五"期间的年平均增长率分别为 1.9%、2.5% 和 0.5%。在低碳情景下,随着节能减排措施力度的加大,广州市交通系统的二氧化碳排放有望于 2030 年左右达到峰值,峰值量约为 4927 万 t,随后小幅度下降,到 2035 年下降到 4774 万 t,较现有政策情景下降 11.1%,"十四五""十五五""十六五"期间的年平均增长率分别降至 1.4%、1.7% 和 -0.6%。在双达情景下,广州市交通系统的二氧化碳排放将于 2030 年达峰,但峰值量降至 4695 万 t,到 2035 年降到 4160 万 t,较现有政策情景下降 22.5%。

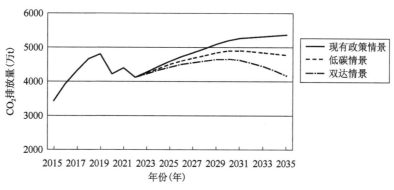

图 5-2 广州市交通系统到 2035 年的二氧化碳排放趋势

5.4.2 未来分能源类型的碳排放结构

从分能源消费类型的碳排放结构来看(图 5-3),传统石油制品消费产生的二氧化碳排放仍将是广州市交通系统二氧化碳排放最重要的来源。随着油品消费占比的逐渐下降,其产生的二氧化碳排放在不同情景下也将不同程度地下降。在现有政策情景下,广州市交通系统传统石油制品消费产生的二氧化碳排放将于 2031 年左右达到峰值并进入平台期,峰值量约为 5088 万 t,约占全市交通系统二氧化碳排放总量的 96.6%。在低碳情景下,全市交通系统传统石油制品消费产生的二氧化碳排放将于 2030 年左右达到峰值,峰值量约为 4714 万 t,之后逐渐减少,到 2035 年降至 4366 万 t,约占全市交通系统二氧化碳排放总量的 91.4%。在双达情景下,全市交通系统传统石油制品消费产生的二氧化碳排放峰值有望稍有提前,峰值量为 4431 万 t 左右,到 2035 年进一步降至 3574 万 t,约占全市交通系统二氧化碳排放总量的 85.9%。

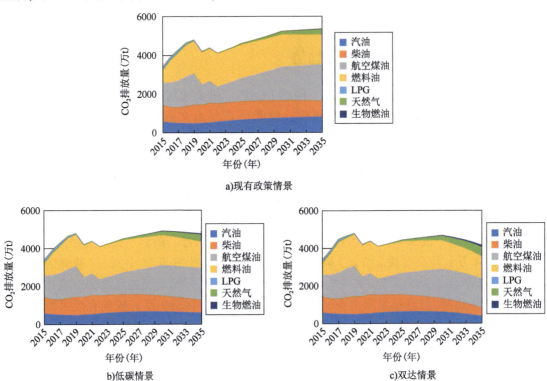

图 5-3 广州市交通系统分能源类型二氧化碳排放趋势

随着能源结构的优化,天然气、电力、氢能和生物燃油在交通系统的消费将逐渐增加,其产生的二氧化碳排放也将逐渐增加。但由于上述能源较为清洁,特别是电力和氢能在终端使用过程中不排放二氧化碳,与能源消费需求相比,其产生的二氧化碳排放增量有限。在现有政策情景下,到 2035 年广州市交通系统天然气和生物燃油消费产生的二氧化碳排放约为 290 万 t,约占全市交通系统二氧化碳排放总量的 5.4%。在低碳情景下,随着能源结构的进一步清洁化,天然气和生物燃油消费产生的二氧化碳排放增加至 409 万 t,约占全市交通系统二氧化碳排放总量的 8.6%。在双达情景下,天然气和生物燃油消费产生的二氧化碳排放进一步增加至 586 万 t,约占全市交通系统二氧化碳排放总量的 14.1%。

5.4.3 未来分运输类型的碳排放结构

根据分运输类型的二氧化碳排放预测结果(图 5-4),货运交通将一直是广州市交通系统未来二氧化碳排放最主要的来源,在不同情景下占全市交通系统二氧化碳排放的比重均在 60% 以上;其次是城际客运交通,在不同情景下占全市交通系统二氧化碳排放的比重均在 23% 以上,并呈逐年增长的趋势;市内客运交通的二氧化碳排放相对较少,并且随着电动化水平的不断提高,呈逐年减少的趋势。

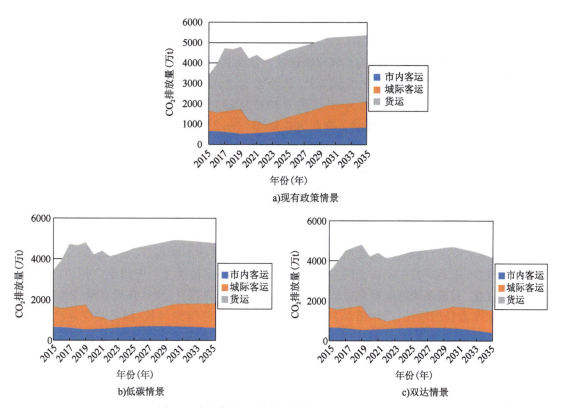

图 5-4 广州市交通系统分运输类型二氧化碳排放趋势

货运交通中，水路货运的单位运输能耗最低，且最具经济性，未来广州市的水路货运量势必呈逐年增长的趋势，由此产生的二氧化碳排放也将持续增加，并且随着不同情景下货运结构优化程度的提升，其占货运交通二氧化碳排放的比重将随之提高；公路货运是广州市仅次于水路货运的二氧化碳排放源，但由于其单位运输能耗较水路货运和铁路货运高，未来的货运需求在不同情景下将不同程度地减少，由此产生的二氧化碳排放也将随之减少；航空货运由于其时效性优势，未来的货运需求也将逐渐增加，考虑到单位运输能耗显著高于其他运输方式，在低碳情景和双达情景下，广州市航空货运的运输需求将被水路和铁路货运部分分流，由此产生的二氧化碳排放也将相对减少；铁路货运在广州市的运输需求相对较小，加之单位运输能耗较低，其产生的二氧化碳排放也相对较少，即使未来大力发展铁路货运，其二氧化碳排放增长幅度也较小。在现有政策情景下，公路货运、铁路货运、航空货运和水路货运的二氧化碳排放占比将由 2020 年的 29.3∶0∶15.4∶55.3 变化为 2035 年的 25.9∶0∶19.4∶54.7，在低碳情景下变化为 23.9∶0∶18.0∶58.1，在双达情景下变化为 19.2∶0∶19.1∶61.7。

城际客运交通中，航空客运一直是广州市城际客运交通中二氧化碳排放最主要的来源，并且由于其时效性优势，未来的客运需求也将逐渐增加。考虑到单位运输能耗显著高于其他运输方式，在低碳情景和双达情景下，广州市航空客运的运输需求将被铁路客运部分分流，由此产生的二氧化碳排放也将相对减少，成为广州市城际客运交通二氧化碳排放下降最主要的原因；公路客运是广州市仅次于航空客运的二氧化碳排放源，由于其单位运输能耗仍高于铁路客运，未来的客运需求在不同情景下将不同程度地减少，由此产生的二氧化碳排放也将随之减少；铁路和水路客运由于运输量较小，其产生的二氧化碳排放较少。综合考虑城际客运结构的优化和各运输方式能源结构的优化以及能源利用效率的提升，预计在不同情景下广州市未来公路客运、铁路客运和水路客运的二氧化碳排放占比将逐渐下降，航空客运的二氧化碳排放占比仍将提高。在现有政策情景下，公路客运、铁路客运、航空客运和水路客运的二氧化碳排放占比将由2020年的7.4∶0.2∶92.4∶0变化为2035年的1.4∶0.1∶98.5∶0，在低碳情景下变化为1.1∶0∶98.9∶0，在双达情景下变化为0.8∶0∶99.2∶0。

市内客运交通中，以私家车为代表的私人交通是最主要的二氧化碳排放源，并且随着生活水平的提升，未来的出行需求将逐渐增加。考虑到私家车快速增长带来的交通拥堵、城市温室效应、空气污染等负外部效应，未来广州市将继续大力发展公共交通，以控制私家车增长速度和出行频率，由此产生的二氧化碳排放也将相对减少，成为广州市内客运交通二氧化碳排放下降最主要的原因。以公共汽电车、城市轨道交通、出租汽车和城市客运轮渡为代表的市内公共交通，虽然未来的出行需求将快速增长，但由于电动化水平的不断提升，其未来的二氧化碳排放将快速减少，逐渐成为广州市交通系统实现零碳排放的运输类型。考虑到广州市内客运交通结构的优化、交通系统的电动化进程以及能源利用效率的提升，预计在现有政策情景下，未来随着私家车数量的增长，广州市私家车的二氧化碳排放将继续增长，而公共交通已于2023年实现零碳排放；在低碳情景下，全市私家车二氧化碳排放有望于2029年左右达到峰值；在双达情景下，全市私家车二氧化碳排放有望于2027年左右达到峰值。

5.4.4 碳减排重点方向

为了分析未来广州市交通系统实现碳减排的重点方向，选取活动水平、运输结构、能源结构以及能源利用效率4个指标进一步分析广州市交通系统的二氧化碳减排贡献。

根据对不同情景减排潜力来源的分析（图5-5），运输结构优化将是广州市交通系统实现二氧化碳减排最重要的途径。在低碳情景下，全市交通系统2035年由于运输结构优化较现有政策情景实现的二氧化碳减排量将占到减排总量的44.8%，在双达情景下的减排贡献约为40%。能源结构优化也是影响广州市交通系统未来二氧化碳排放的重要因素，在低碳情景下的减排贡献达到36.7%，在双达情景下随着天然气、生物燃油、氢能等清洁低碳能源的大规模使用，能源结构优化的减排贡献进一步提高到43.6%，超过运输结构优化，成为广州市交通系统未来减排潜力最大的措施。此外，运输工具的能效水平提升也是广州市交通系统未来二氧化碳排放的重要来源，在低碳情景和双达情景下2035年由能源结构优化带来的减排贡献将分别达到18.5%和16.4%。

综合广州市交通系统未来碳排放趋势以及分运输类型的碳减排潜力和减排贡献的分析（表5-1），货运交通将一直是广州市交通系统未来二氧化碳排放最主要的来源，也将是二氧化碳减排贡献最大的部门。货运交通将主要依靠运输结构向水路货运和铁路货运的优化实现二氧化碳减排，其次是能源结构的清洁化，货运交通工具能效提升带来的二氧化碳减排相对较小。城际客运的二氧化碳减排也主要依靠客运结构向铁路客运的转换，其次是能源结构的清洁化和交通工具的能效提升。市内客运需要在实现公共交通100%纯电动化基础上，有效提高私家车的电气化水平，此外，虽然广州市的公共交通已经较为发达，为进一步促进市内客运交通的低碳发展,未来仍需要继续优先发展公共交通。

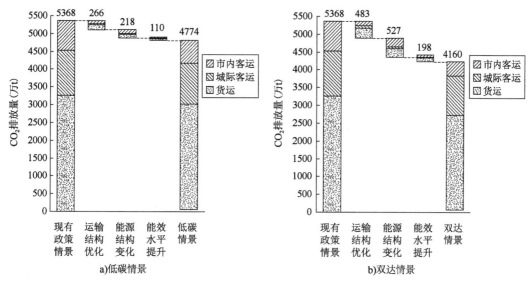

图 5-5　广州市交通系统未来二氧化碳减排贡献

广州市交通系统未来二氧化碳减排重点方向　　　　　　　　表 5-1

运输类型	2035 年减排贡献(双达情景)	重点方向
货运交通	51%	·重点发展水路和铁路货运(45.1%); ·提高公路货运电气化水平,促进天然气、氢能、生物燃油在货运交通中的使用比例(38.4%); ·提高货运交通工具能效(16.5%)
城际客运	13%	·快速发展高速铁路客运(45.6%); ·提高公路客运电气化水平,促进天然气、生物燃油在城际客运交通中的推广应用(35.6%); ·提高城际客运交通工具能效(18.8%)
市内客运	36%	·提高私家车电动化水平(53.7%); ·优先发展公共交通(30.7%); ·提高市内客运交通工具能效(15.6%)

注:表中重点方向中所列百分比表示各种运输类型二氧化碳减排重点方向的减排潜力。

5.5　广州市交通系统空气污染物排放情景分析

5.5.1　空气污染物排放总体趋势

随着运输需求的增加,未来广州市交通系统的空气污染物排放将逐渐增长,但由于节能减排政策措施的实施,在低碳情景和双达情景下的增长速度有望得到一定的控制,甚至低于现状水平(图5-6)。

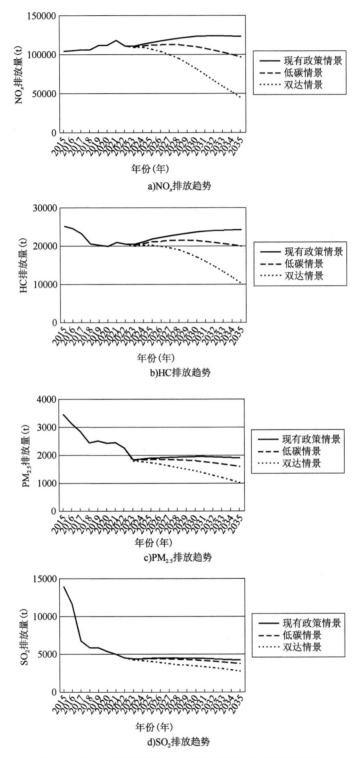

图5-6 广州市交通系统到2035年的主要空气污染物排放趋势

NO_x 将一直是广州市交通系统排放量最大的空气污染物。在现有政策情景下,到 2035 年的排放量将达到 122590t,较 2020 年增长 9.4%;在低碳情景下,随着政策措施的强化,NO_x 的排放有望于 2028 年左右达到峰值,峰值量约为 112722t,到 2035 年将降至 96631t,较 2020 年减少 13.7%;在双达情景下,NO_x 排放达峰时间有望进一步提前至 2026 年,峰值量约为 109161t,到 2035 年将降至 44130t,较 2020 年减少 60.6%。

HC 是交通系统最主要的挥发性有机物,2015 年以来已得到有效控制,但未来随着运输需求的增长,其排放量很可能有所反弹。在现有政策情景下,到 2035 年的排放量将达到 24292t,较 2020 年增长 22.0%;在低碳情景下,HC 的排放有望于 2028 年左右达到峰值,峰值量约为 21484t,到 2035 年将降至 19940t,与现状水平基本相当;在双达情景下,HC 排放有望于 2026 年达到峰值,峰值量下降为 20234t,到 2035 年将大幅降至 10150t,仅为 2020 年排放量的一半。

2015 年以来,广州市交通系统的 $PM_{2.5}$ 排放已大幅度下降,未来随着运输需求的增长,其排放量将在小幅反弹后呈持续减少的趋势。在现有政策情景下,全市交通系统到 2035 年的 $PM_{2.5}$ 排放量将降至 1892t,较 2020 年减少约 22.1%;在低碳情景下,到 2035 年的 $PM_{2.5}$ 排放将降至 1597t,约为 2020 年排放量的 65.8%;在双达情景下,到 2035 年的 $PM_{2.5}$ 排放将降至 1017t,仅为 2020 年排放量的 42% 左右。

SO_2 是广州市交通系统下降幅度最大的空气污染物,未来随着运输需求的增长,其 SO_2 排放将呈小幅反弹后持续减少的趋势。在现有政策情景下,全市交通系统到 2035 年的 SO_2 排放将降至 4179t,较 2020 年减少约 22.1%;在低碳情景下,到 2035 年的 SO_2 排放将降至 3753t,较 2020 年减少约 30%;在双达情景下,到 2035 年的 SO_2 排放将降至 2749t,显著低于现状水平。

5.5.2 未来分能源类型的空气污染物排放结构

从分能源消费类型的 NO_x 排放结构来看(图 5-7),柴油一直是广州市交通系统 NO_x 排放最主要的来源。随着交通能源清洁化进程的加快,柴油消费产生的 NO_x 排放占比将逐渐减少,到 2035 年分别由现有政策情景下的 80% 降至低碳情景下的 76% 和双达情景下的 61%。燃料油也是广州市交通系统 NO_x 排放的重要来源,并且随着水路货运的大力推广,未来由燃料油消费产生的 NO_x 排放占比也将快速上升,到 2035 年分别由现有政策情景下的 12% 上升至低碳情景下的 14% 和双达情景下的 22%。此外,随着天然气的推广应用,未来由天然气消费产生的 NO_x 排放也将呈增长趋势,但排放占比相对较小,到 2035 年分别由现有政策情景下的 4% 上升至低碳情景下的 5% 和双达情景下的 9%。

柴油和汽油仍将一直是广州市交通系统 HC 排放最主要的来源(图 5-8)。随着能源结构的不断清洁化,其产生的 HC 排放占比将快速下降。到 2035 年,柴油消费产生的 HC 排放占比将由现有政策情景下的 53% 降至低碳情景下的 48% 和双达情景下的 30%。汽油消费产生的 HC 排放占比将由现有政策情景下的 26% 降至低碳情景下的 24%,但在双达情景下,由于柴油消费的快速下降,使得汽油消费产生的 HC 排放占比增长至 28%。随着天然气在交通系统的大力推广,未来也将成为广州市交通系统 HC 排放的重要来源,并且由于天然气的 HC 排放因子比柴油、汽油的大,将导致其 HC 排放占比增长迅速,到 2035 年将由现有政策情景下的 17%

上升至低碳情景下的 23% 和双达情景下的 33%。

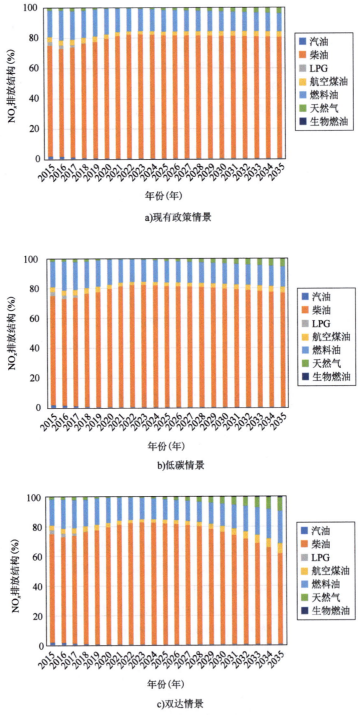

图 5-7　广州市交通系统分能源类型 NO_x 排放趋势

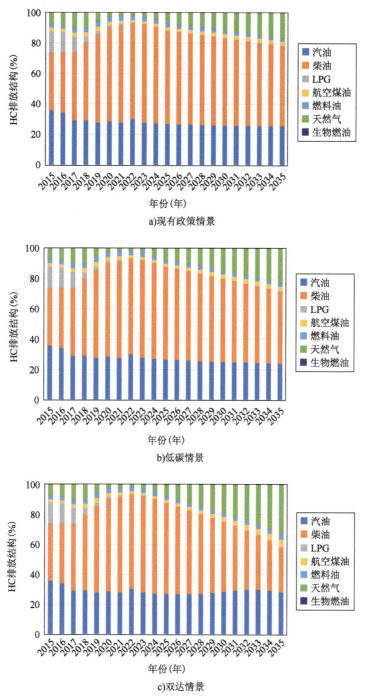

图5-8 广州市交通系统分能源类型HC排放趋势

柴油和燃料油消费是广州市交通系统$PM_{2.5}$排放最主要的来源(图5-9)。随着运输结构由公路运输向水路运输的部分转移,未来柴油消费产生的$PM_{2.5}$排放将逐渐减少,到2035年柴油消费产生的$PM_{2.5}$排放占比将由现有政策情景下的37%降至低碳情景下的33%和双达情景下的22%。燃料油消费产生的 $PM_{2.5}$ 排放随之增加,到2035年燃料油消费产生的 $PM_{2.5}$ 排放占比将由现有政策情景下的47%增至低碳情景下的50%和双达情景下的57%。此外,随着天然气和生物燃油在交通系统的推广和应用,其产生的 $PM_{2.5}$ 排放也将逐年增长,但增长的幅度有限。

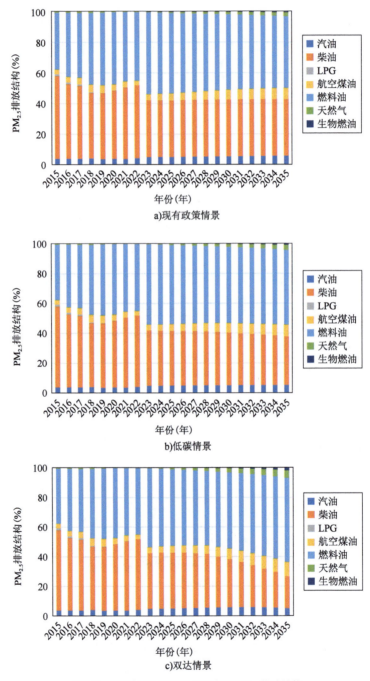

图 5-9　广州市交通系统分能源类型 $PM_{2.5}$ 排放趋势

燃料油一直是广州市交通系统 SO_2 排放最主要的来源(图 5-10)。在现有政策情景下和低碳情景下,随着水路货运的快速发展,未来燃料油消费产生的 SO_2 排放占比将继续增长,到 2035 年分别增长至 89% 和 90%;在双达情景下,随着清洁能源的大规模应用,燃料油消费产生的 SO_2 排放占比将有所下降,到 2035 年达到 88% 左右。汽油、柴油、航空煤油消费产生的 SO_2 排放有望持续降低,天然气消费产生的 SO_2 排放也相对较少。

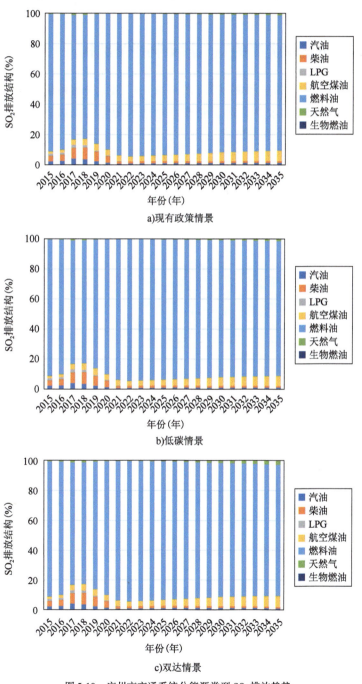

图 5-10 广州市交通系统分能源类型 SO_2 排放趋势

综合以上分析,传统石油制品一直是广州市交通系统空气污染物排放的主要来源,其中,柴油、燃料油和汽油的空气污染物排放量最大。随着电力、氢能、生物燃油、天然气等清洁低碳能源的使用,交通系统的空气污染物排放将逐渐减少,但由于天然气的HC排放因子相对较大,天然气的推广有可能导致HC排放的增加。由此,能源结构的低碳化将有助于广州市交通系统NO_x、$PM_{2.5}$以及SO_2等主要空气污染物的减排,但天然气的使用将不利于HC减排。

5.5.3 未来分运输类型的空气污染物排放结构

根据分运输类型的NO_x排放预测结果(图5-11),广州市交通系统未来的NO_x排放仍将主要来自公路货运、公路客运和水路货运。随着运输结构用能的低碳化,公路客货运的NO_x排放有望逐渐减少,而水路货运和铁路货运的NO_x排放将随之增长。到2035年,公路货运的NO_x排放将由现有政策情景下的71%降至低碳情景下的70%和双达情景下的59%;公路客运的NO_x排放占比在三个情景下基本保持稳定;水路货运的NO_x排放将由现有政策情景下的12%增长至低碳情景下的14%和双达情景下的22%。此外,铁路货运的NO_x排放也将小幅增长。

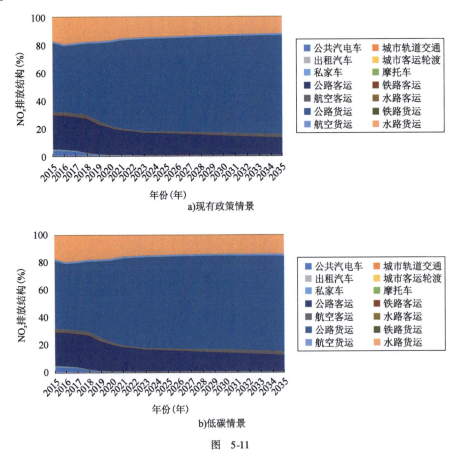

图 5-11

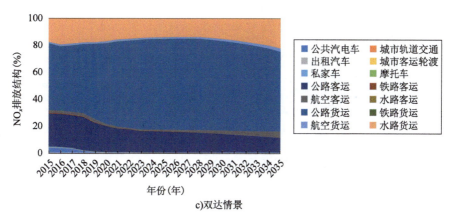

c) 双达情景

图 5-11　广州市交通系统分运输类型 NO_x 排放趋势

公路货运、私家车和公路客运等道路运输将一直是广州市交通系统未来 HC 排放的主要来源。随着运输结构的优化，其 HC 排放将逐渐减少，其中公路货运的 HC 减排幅度最大（图 5-12）。到 2035 年，公路货运的 HC 排放占比将由现有政策情景下的 66% 降至低碳情景下的 63% 和双达情景下的 58%；私家车的 HC 排放占比基本保持在 25% 左右；水路货运的 HC 排放占比稍有增长，将由现有政策情景下的 2.1% 上升至双达情景下的 3.3%。

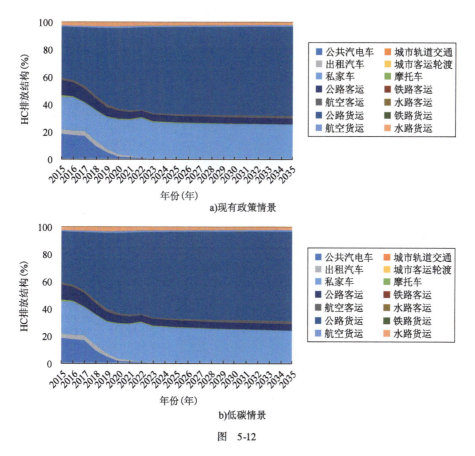

a) 现有政策情景

b) 低碳情景

图 5-12

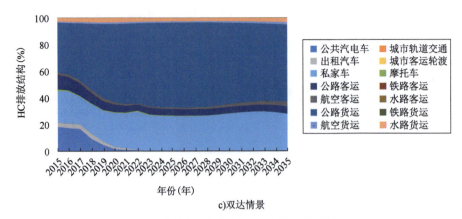

c) 双达情景

图 5-12　广州市交通系统分运输类型 HC 排放趋势

广州市交通系统未来的 $PM_{2.5}$ 排放仍将主要来自水路货运、公路货运和公路客运（图 5-13）。其中，水路货运的 $PM_{2.5}$ 排放占比最大，并随着运输结构的优化持续增长，到 2035 年将由现有政策情景下的 47% 增长至低碳情景下的 51% 和双达情景下的 58%；公路客货运的 $PM_{2.5}$ 排放将相应减少，到 2035 年全市公路货运的 $PM_{2.5}$ 排放占比将由现有政策情景下的 27% 分别降至低碳情景下和双达情景下的 25% 和 18%；公路客运的 $PM_{2.5}$ 排放占比将由现有政策情景下的 12% 分别降至低碳情景下和双达情景下的 11% 和 8%。此外，铁路货运的 $PM_{2.5}$ 排放也将小幅增加。

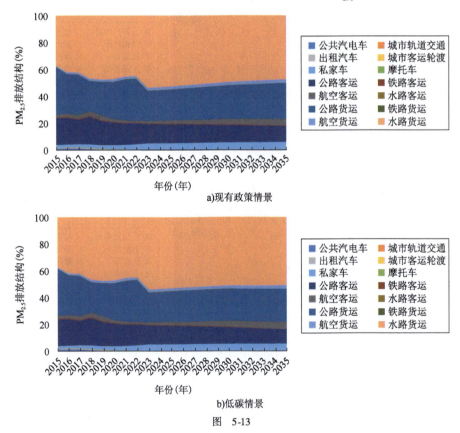

a) 现有政策情景

b) 低碳情景

图 5-13

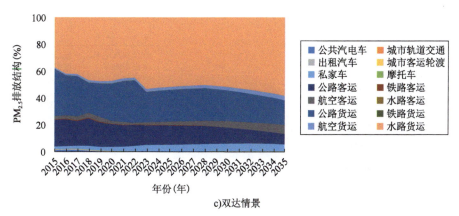

c) 双达情景

图 5-13　广州市交通系统分运输类型 $PM_{2.5}$ 排放趋势

水路货运将一直是广州市交通系统未来 SO_2 排放最主要的来源(图 5-14)。在现有政策情景和低碳情景下,随着运输结构由公路、航空运输向水路和铁路运输的部分转移,未来水路货运的 SO_2 排放占比将继续增加,2035 年的 SO_2 排放占比将分别增长至 89% 和 90%。在双达情景下,随着水路货运燃料结构的清洁化转型,特别是生物燃油的规模化应用,水路货运的 SO_2 排放将大幅减少,其 2035 年的排放占比有望降至 88%。要实现广州市交通系统的 SO_2 减排目标,需要重点关注水路货运的能源结构优化和能源利用效率提升等。

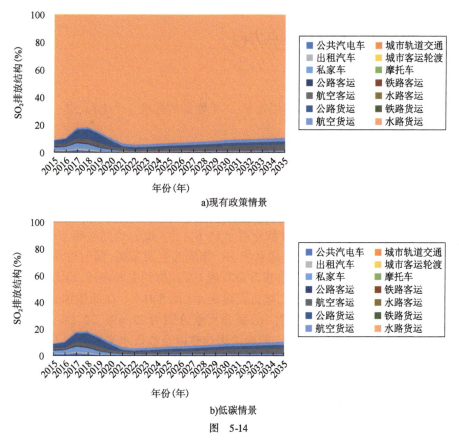

a) 现有政策情景

b) 低碳情景

图　5-14

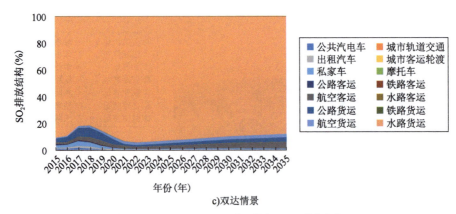

c)双达情景

图 5-14　广州市交通系统分运输类型 SO_2 排放趋势

综合以上分析,公路货运、公路客运和私家车等道路运输是广州市交通系统 NO_x、HC 等空气污染物排放的主要来源。随着运输结构由公路、航空运输向水路和铁路运输的低碳化转移,NO_x、HC 等空气污染物的排放将逐渐减少。$PM_{2.5}$ 和 SO_2 的排放主要来自水路货运,随着水路运输的快速发展,有可能导致 $PM_{2.5}$ 和 SO_2 排放增加。由此,运输结构的低碳化将有助于广州市交通系统 NO_x 和 HC 等空气污染物减排,而不利于 $PM_{2.5}$ 和 SO_2 等空气污染物减排。

5.5.4　空气污染物减排重点方向

1) 主要空气污染物的减排贡献

选取运输结构、能源结构、能源利用效率、污染物排放标准 4 个指标,进一步分析交通系统的主要空气污染物减排贡献。

货运和城际客运是广州市交通系统实现 NO_x 减排最重要的部门,而运输结构优化和能源结构调整是实现 NO_x 减排的重要途径,其次为排放标准提升,能效水平提升对 NO_x 减排贡献较小(图 5-15)。在低碳情景下,运输结构优化、能源结构调整以及能效水平提升对 NO_x 减排贡献分别为 52.1%、43.5% 和 4.4%;在双达情景下,运输结构优化、能源结构调整、排放标准提升以及能效水平提升对 NO_x 减排贡献分别为 44.6%、37.0%、14.5% 和 3.9%。

货运交通和市内客运是广州市交通系统 HC 排放的主要来源,同时也是实现 HC 减排的重要部门,而运输结构优化和排放标准提升是实现 HC 减排的主要途径,能源结构调整也能贡献部分 HC 减排,能效水平提升对 HC 减排贡献极小(图 5-16)。在低碳情景下,运输结构优化、能源结构调整以及能效水平提升对 HC 减排贡献分别为 72.6%、22.2% 和 5.1%;在双达情景下,运输结构优化、排放标准提升、能源结构调整以及能效水平提升对 HC 减排贡献分别为 54.8%、26.1%、14.4% 和 3.7%。

货运交通和城际客运是广州市交通系统 $PM_{2.5}$ 排放的主要来源,同时也是实现 $PM_{2.5}$ 减排的重要部门,而能源结构调整和排放标准提升是实现 $PM_{2.5}$ 减排的重要途径,运输结构优化和能效水平提升对交通系统 $PM_{2.5}$ 的减排贡献相对较小(图 5-17)。在低碳情景下,能源结构调整、运输结构优化以及能效水平提升对 $PM_{2.5}$ 减排贡献分别为 61.0%、28.8% 和 10.2%；在双达情景下，能源结构调整、排放标准提升、运输结构优化以及能效水平提升对 $PM_{2.5}$ 减排贡献分别为 50.3%、22.3%、19.1% 和 8.3%。

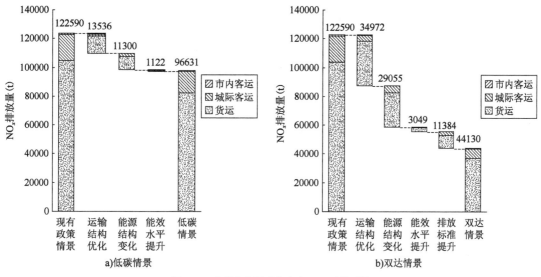

图 5-15 广州市交通系统未来 NO_x 减排贡献

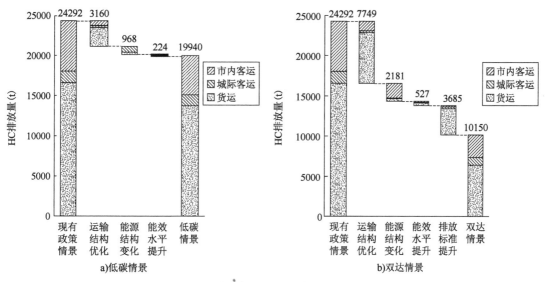

图 5-16 广州市交通系统未来 HC 减排贡献

货运交通是广州市交通系统 SO_2 排放的主要来源。能源结构调整、排放标准提升以及能效水平提升是实现 SO_2 减排的重要途径，运输结构的优化有可能带来 SO_2 排放增加（图 5-18）。在低碳情景下，能源结构调整、能效水平提升以及运输结构优化对 SO_2 减排贡献分别为 62.4%、23.6% 和 14%；在双达情景下，能源结构调整、排放标准提升、能效水平提升以及运输结构优化对 SO_2 减排贡献分别为 57.8%、25.9%、18.4% 和 -2.1%。

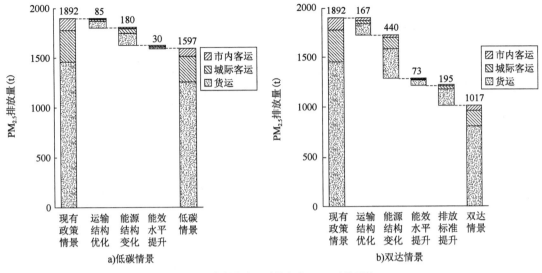

图 5-17 广州市交通系统未来 $PM_{2.5}$ 减排贡献

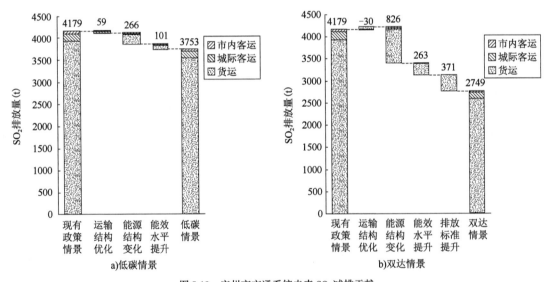

图 5-18 广州市交通系统未来 SO_2 减排贡献

2) 空气污染物减排重点方向

综合广州市交通系统未来主要空气污染物排放趋势以及分运输类型的减排贡献分析,货运交通将一直是广州市交通系统未来空气污染物排放最主要的来源,也将是实现减排最重要的部门。运输结构的低碳化是广州市交通系统 NO_x 和 HC 减排的重要途径,但会增加 SO_2 和 $PM_{2.5}$ 排放;能源结构的清洁化将有助于 NO_x、$PM_{2.5}$ 和 SO_2 的减排,而天然气的使用将不利于 HC 减排;能效水平提升空间有限,对污染物减排作用不明显(表 5-2)。

广州市交通系统未来主要空气污染物减排重点方向　　　　　表 5-2

污染物类型	运输类型	2035 年减排贡献（双达情景）	重点方向
NO_x	货运交通	85.1%	·重点发展水路和铁路货运(46.4%)； ·提高公路货运电气化水平,提高天然气、氢能、生物燃油在货运交通中的使用比例(35.8%)； ·提升排放标准(13.5%)； ·提高货运交通工具能效(4.3%)
NO_x	城际客运	14.5%	·提高公路客运电气化水平,提高天然气、生物燃油在城际客运交通中的使用比例(43.8%)； ·快速发展高速铁路客运(34.3%)； ·提升排放标准(20.6%)； ·提高城际客运交通工具能效(1.3%)
NO_x	市内客运	0.4%	·提高私家车电动化水平(52.6%)； ·优先发展公共交通(35.9%)； ·提升排放标准(9.3%)； ·提高交通工具能效(2.2%)
HC	货运交通	72.1%	·重点发展水路和铁路货运(62.0%)； ·提升排放标准(32.0%)； ·提高公路货运电气化水平,提高天然气、氢能、生物燃油在货运交通中的使用比例(3.1%)； ·提高货运交通工具能效(2.9%)
HC	城际客运	4.1%	·快速发展高速铁路客运(41.3%)； ·提升排放标准(36.6%)； ·提高公路客运电气化水平,提高天然气、生物燃油在城际客运交通中的使用比例(12.0%)； ·提高城际客运交通工具能效(10.1%)
HC	市内客运	23.8%	·提高私家车电动化水平(53.2%)； ·优先发展公共交通(35.2%)； ·提升排放标准(6.3%)； ·提高交通工具能效(5.3%)
$PM_{2.5}$	货运交通	73.5%	·提高公路货运电气化水平,提高天然气、氢能、生物燃油在货运交通中的使用比例(46.5%)； ·提升排放标准(25.3%)； ·重点发展水路和铁路货运(17.7%)； ·提升能源利用效率(10.5%)
$PM_{2.5}$	城际客运	20.0%	·提高公路客运电气化水平,提高天然气、生物燃油在城际客运交通中的使用比例(62.8%)； ·快速发展高速铁路客运(20.0%)； ·提升排放标准(15.5%)； ·提升能源利用效率(1.7%)
$PM_{2.5}$	市内客运	6.5%	·提高私家车电动化水平(54.4%)； ·优先发展公共交通(31.6%)； ·提升排放标准(8.7%)； ·提升能源利用效率(5.3%)

续上表

污染物类型	运输类型	2035年减排贡献（双达情景）	重点方向
SO_2	货运交通	94.4%	·提高公路货运电气化水平,提高天然气、氢能、生物燃油在货运交通中的使用比例(53.8%)； ·提升排放标准(27.1%)； ·提升能源利用效率(19.1%)
	城际客运	3.5%	·提高公路客运电气化水平,提高天然气、生物燃油在城际客运交通中的使用比例(69.4%)； ·快速发展高速铁路客运(17.8%)； ·提升排放标准(6.9%)； ·提升能源利用效率(5.9%)
	市内客运	2.1%	·提高私家车电动化水平(60.3%)； ·优先发展公共交通(26.8%)； ·提升能源利用效率(6.7%)； ·提升排放标准(6.2%)

注：表中重点方向中所列百分比表示各种运输类型主要空气污染物减排重点方向的减排潜力。

第 6 章

广州市交通系统减排协同效应分析

6.1 可持续发展关键技术措施筛选

6.1.1 可持续发展技术措施库构建

根据情景分析确定的广州市交通系统二氧化碳和空气污染物减排重点方向,结合国家和地方政府已发布的交通运输行业节能减排相关政策文件以及国内外先进城市的可持续交通发展经验,通过专家访谈和实地调研,建立了广州市交通系统可持续发展技术措施库,内容涵盖运输需求控制、运输结构调整、能源结构优化、能源效率提升4个方面(表6-1)。

广州市交通系统可持续发展措施库　　　　表6-1

运输部门	市内客运	城际客运	货运交通
运输需求控制	·优化城市空间布局; ·TOD 发展模式; ·鼓励远程办公; ·推广视频会议	·优化产业布局; ·鼓励远程办公; ·推广视频会议	·促进产业结构调整; ·合理布局物流集散地; ·发展现代物流业
运输结构调整	·鼓励慢性交通出行; ·鼓励乘坐公共汽车出行; ·发展城市轨道交通; ·低排区管理; ·私家车总量管控; ·差别化停车管理	·发展高铁客运; ·发展城际铁路	·发展水路货运; ·发展铁路货运
能源结构优化	·公共汽电车纯电动化; ·出租汽车纯电动化; ·推广氢燃料电池公共汽车; ·推广氢燃料电池出租汽车; ·推广纯电动私家车	·推广应用天然气城际客车; ·推广应用电动城际客车; ·推广应用氢燃料电池客车; ·航空客运推广生物航煤; ·推广应用乙醇汽油; ·水路客运推广生物柴油	·推广应用天然气货车; ·推广应用电动货车; ·推广应用天然气货船; ·推广应用氢燃料电池货车; ·航空货运推广生物航煤; ·水路货运推广生物燃料油

续上表

运输部门	市内客运	城际客运	货运交通
能源效率提升	·先进电机技术； ·先进电驱技术； ·私家车车身轻量化； ·燃油私家车能效提升； ·先进变速器技术； ·高效传动技术； ·低阻技术； ·混合动力技术； ·淘汰老旧车船	·淘汰老旧车船； ·车身轻量化； ·城际客车先进发动机技术； ·民用飞机机身轻量化； ·先进的飞机推进系统； ·客运站场节能改造； ·公路客运调度系统	·淘汰老旧车船； ·公路物流大型化； ·货车先进发动机技术； ·民用飞机机身轻量化； ·先进的飞机推进系统； ·港口机械电气化改造； ·船舶靠港使用岸电； ·船舶内燃机节能技术； ·公路货运调度系统； ·货运站场节能改造

6.1.2 可持续发展关键技术措施筛选

以广州市交通系统可持续发展措施库为基础，采用德尔菲法筛选广州市交通系统的可持续发展关键技术措施。选取措施的技术成熟度、本地适用性、节能潜力、减排潜力和成本5个属性制定评价指标，按照每个指标属性由劣到优的顺序，给予指标0分、1分、2分、3分和4分的相应分值，通过问卷的方式，领域内相关专家对广州市交通运输系统可持续发展措施库中的措施进行综合评价打分。广州市交通系统可持续发展措施指标评价打分结果见表6-2。

广州市交通系统可持续发展措施指标评价打分结果　　表6-2

运输部门	措施类别	技术措施	技术成熟度	本地适用性	节能潜力	减排潜力	成本	得分
市内客运	运输需求控制	优化城市空间布局	3	3	4	4	3	17
		TOD发展模式	3	3	4	4	3	17
		鼓励远程办公	3	3	3	3	4	16
		推广视频会议	4	3	3	3	4	17
	运输结构调整	鼓励慢性交通出行	3	2	4	4	4	17
		鼓励乘坐公共汽电车出行	4	4	4	4	3	19
		发展城市轨道交通	4	4	4	4	4	20
		低排区管理	3	3	3	3	4	16
		私家车总量管控	3	4	4	4	4	19
		差别化停车管理	3	4	4	4	4	19
	能源结构优化	公共汽电车纯电动化	4	4	3	4	3	18
		出租汽车纯电动化	4	4	3	4	3	18
		推广氢燃料电池公共汽车	2	3	3	4	2	14
		推广氢燃料电池出租汽车	2	3	3	4	2	14
		推广纯电动私家车	4	4	4	4	3	19

续上表

运输部门	措施类别	技术措施	技术成熟度	本地适用性	节能潜力	减排潜力	成本	得分
市内客运	能源效率提升	先进电机技术	2	3	3	3	3	14
		先进电驱技术	3	4	4	4	2	17
		私家车车身轻量化	3	3	3	3	4	16
		燃油私家车能效提升	3	4	4	4	4	19
		先进变速器技术	3	3	3	3	3	15
		高效传动技术	3	3	3	3	3	15
		低阻技术	3	4	3	3	3	16
		混合动力技术	4	4	3	3	3	17
		淘汰老旧车船	4	3	4	4	2	17
城际客运	运输需求控制	优化产业布局	3	3	3	3	3	15
		鼓励远程办公	4	3	3	3	4	17
		推广视频会议	4	3	3	3	4	17
	运输结构调整	发展高铁客运	4	4	4	4	3	19
		发展城际铁路	4	3	4	4	2	17
	能源结构优化	推广应用天然气城际客车	4	4	4	3	4	19
		推广应用电动城际客车	4	4	4	4	3	19
		推广应用氢燃料电池客车	3	4	4	4	3	18
		航空客运推广生物航煤	3	4	4	4	3	18
		推广应用乙醇汽油	3	3	3	3	3	15
		水路客运推广生物柴油	3	4	2	2	3	14
	能源效率提升	淘汰老旧车船	4	3	4	4	2	17
		车身轻量化	3	3	3	3	4	16
		城际客车先进发动机技术	3	3	3	3	3	15
		民用飞机机身轻量化	3	4	4	4	2	17
		先进的飞机推进系统	3	4	3	3	3	16
		客运站场节能改造	3	3	3	3	4	16
		公路客运调度系统	3	3	3	3	3	15
货运交通	运输需求控制	促进产业结构调整	3	3	3	3	3	15
		合理布局物流集散地	3	4	4	3	3	17
		发展现代物流业	3	3	4	4	3	17
	运输结构调整	发展水路货运	4	4	4	4	4	20
		发展铁路货运	4	4	4	4	4	20
	能源结构优化	推广应用天然气货车	3	4	4	3	4	18
		推广应用电动货车	3	4	4	4	3	18

续上表

运输部门	措施类别	技术措施	技术成熟度	本地适用性	节能潜力	减排潜力	成本	得分
货运交通	能源结构优化	推广应用天然气货船	3	4	4	4	3	18
		推广应用氢燃料电池货车	3	4	4	4	3	18
		航空货运推广生物航煤	3	4	4	4	3	18
		水路货运推广生物燃料油	3	4	4	4	4	19
	能源效率提升	淘汰老旧车船	4	3	4	4	2	17
		公路物流大型化	4	4	4	4	3	19
		货车先进发动机技术	3	3	3	3	3	15
		民用飞机机身轻量化	3	4	4	4	2	17
		先进的飞机推进系统	3	4	3	3	3	16
		港口机械电气化改造	3	3	3	3	4	16
		船舶靠港使用岸电	3	3	3	3	4	16
		船用内燃机节能技术	3	4	4	4	2	17
		公路货运调度系统	3	3	3	3	4	16
		货运站场节能改造	3	3	3	3	3	15

根据广州市交通系统可持续发展措施指标评价打分结果,对措施库中的各项措施进行优先排序,最终筛选出 20 项适用于广州市交通系统可持续发展关键技术措施。其中,针对市内客运交通筛选出的关键技术措施包括发展城市轨道交通、鼓励乘坐公共汽电车出行、推广纯电动私家车、燃油私家车能效提升、差别化停车管理和私家车总量管控 6 项;针对城际客运交通筛选出的关键技术措施包括发展高铁客运、推广应用天然气城际客车、推广应用电动城际客车、推广应用氢燃料电池客车和航空客运推广生物航煤 5 项;针对货运交通,筛选出的关键技术措施包括发展水路货运、发展铁路货运、公路物流大型化、推广应用天然气货车、推广应用电动货车、推广应用氢燃料电池货车、航空货运推广生物航煤、水路货运推广生物燃料油、推广应用天然气货船 9 项。

6.1.3 可持续发展关键技术措施概述

1)发展城市轨道交通(DUS)

城市轨道交通具有承载能力巨大和独立通行权等特征,是地方政府解决城市拥堵问题的重要途径。同时,由于城市轨道交通电气化水平较高,也被认为是一种有效减少城市客运交通温室气体排放的通勤模式。以上海市为例,乘坐轨道交通出行的单位周转量二氧化碳排放量分别仅为公共汽车和私家车出行的 14.57% 和 3.56%[124]。

截至 2023 年底,我国已有 55 个城市开通运营城市轨道交通,运营线路达到 306 条,运营里程突破 1 万 km,2023 年全年开行列车 3759 万列次,完成客运量 294.4 亿人次。其中,广州市共开通 18 条城市轨道交通线路,通车里程 674.8km,2023 年客运量达到 313791 万人次,仅次于北京市和上海市,排名全国第三。

根据《广州市综合交通体系规划(2023—2035年)》[125],预计到2035年广州市的轨道交通网络里程将达到2013km。在现有政策情景下,到2035年,广州市轨道交通客运量占市内客运总量的比重将达到38.7%。在双达情景下,到2035年,广州市约5亿人次的私家车客运量将由轨道交通替代,广州市轨道交通客运量占市内客运总量的比重将提高到46.5%。

2) 鼓励乘坐公共汽电车出行(DUB)

公共汽电车是最为常规的城市公共交通,与私家车相比,具有载客量大、能耗小、排放少等特点。一辆公共汽电车约占3辆小汽车的道路空间,而高峰期的运载能力是小汽车的数十倍,既减少了人均乘车排放,也提高了城市效率[126]。为进一步减少道路交通温室气体和空气污染物排放,公共汽电车运营公司选择将传统的柴油动力公共汽电车替换为替代燃料动力公共汽电车[127]。其中,电动公共汽电车由于在运行过程中不直接产生任何温室气体和空气污染物,成为替代燃料动力公共汽电车的较好选择[128]。

广州市先后发布了《广州市新能源汽车发展工作方案(2017—2020年)》[129]和《广州市推进公交电动化工作方案》[130]等政策文件,积极推进公共汽电车的电动化进程。2019年末,广州市已基本实现公共汽电车全面纯电动化。

在现有政策情景下,到2035年,广州市公共汽电车客运量占市内客运总量的比重将达到20.7%。在双达情景下,到2035年,广州市约2亿人次的私家车客运量将由公共汽电车替代,广州市公共汽电车客运量占市内客运总量的比重将提高到22%。

3) 推广纯电动私家车(PEC)

与燃油汽车相比,纯电动汽车具有不直接产生二氧化碳和空气污染物、噪声低、能源利用效率高等优点,被认为是向更清洁的交通系统发展的最有希望的燃油汽车替代品,是解决城市地区环境污染和二氧化碳排放问题的完美解决方案之一[131-132]。

广州市一直积极推进电动车在私家车领域的推广应用。2018年,广州市新能源汽车发展工作领导小组办公室发布了《广州市推动新能源汽车发展若干意见》[133],随后又发布了《广州市鼓励支持个人领域新能源汽车推广应用工作指引》[134]等。2023年,全市新能源汽车零售量23.5万辆,渗透率达到51.2%,远高于全国平均水平。

在现有政策情景下,到2035年,广州市纯电动私家车占私家车总量的比重将达到20%。在双达情景下,到2035年,广州市约30%的燃油私家车将由纯电动私家车替代,广州市纯电动私家车占私家车总量的比重将提高到50%。

4) 燃油私家车能效提升(IEC)

随着汽车发动机技术的进步以及车身轻型材料的应用,未来燃油私家车的能效将进一步提升。减轻车辆重量可以提升能源利用效率,并减少二氧化碳排放[135]。根据Zervas和Lazarou[136]、Cheah和Heywood[137]等的研究,通过降低汽车重量,可以实现更大的二氧化碳减排量,到2030年乘用车每减重100kg,百公里油耗将减少0.31L。许多国家和地区相继推出了提升乘用车能效的特别计划[138]。

2022年,广州市的燃油私家车保有量已超过200万辆,预计到2035年仍将有超过35%的私家车为燃油汽车。因此,燃油私家车的能效提升将有助于广州市交通系统的节能减排。

在现有政策情景下,到 2035 年,广州市燃油私家车的单位行驶里程油耗将较 2020 年降低 8.5%。在双达情景下,到 2035 年,广州市燃油私家车的能源利用效率进一步提升,燃油私家车的单位行驶里程油耗将较 2020 年降低 16.5%。

5)差别化停车管理(RFC)

车辆的每次行程至少需要两个停车位,即出发地停车位和目的地停车位。低成本的停车管理将导致交通拥堵,以及对停车设施的低效利用[139]。有研究表明,98% 的驾驶人喜欢在街上停车,其中大多数(约 90%~92%)表示停车价格是主要原因[140]。差别化停车管理可以有效减少车辆停车前的低速巡航时间,并对节省燃料和减少污染物排放有显著影响。

广州市于 2014 年 8 月开始将全市划分为三类地区,采取差别化收费的方式进行停车管理,有效缓解了城市停车难、乱停车问题,对改善城市交通状况起到了积极作用。未来,随着广州市私家车保有量的持续增长,应实施更为严格的停车收费标准,以有效降低私家车的年行驶里程。

在现有政策情景下,到 2035 年,广州市私家车的年行驶里程将比 2020 年减少 13%。在双达情景下,到 2035 年,广州市由于实施更为严格的停车收费标准,私家车的年行驶里程将比 2020 年减少 18.5%。

6)私家车总量管控(RNC)

机动车的保有量直接影响城市的空气污染和交通堵塞程度。为了缓解空气污染和交通拥堵,国内外城市纷纷开始实施机动车限制政策,包括禁车区、驾驶限制和购车限制等。其中,购车限制有助于抑制汽车保有量的增长,从而缓解城市的交通压力[141],并有效降低空气中污染物的浓度[142]。Chen 等[143]发现上海市的限购政策显著降低了汽车保有量的增长。Yang[144]对北京市的机动车牌照抽签的调查发现,该政策不仅导致了机动车保有量的下降,而且降低了早晚高峰时段的平均行驶里程和驾驶需求。

2012 年 7 月,广州市开始实施中小客车总量调控管理,以摇号和拍卖相结合的方式对燃油汽车实行限购制度[97]。全市每年的中小客车增量指标为 12 万个,其中摇号指标占 60%,竞价指标占 40%,即 1.2 万个新能源车增量指标和 6 万个普通车增量指标以摇号方式配置,4.8 万个普通车增量指标以竞价方式配置。2024 年 5 月,广州市人民政府办公厅印发《广州市小客车指标调控管理办法》[145],取消对中型客车的调控,缩小指标调控的车型范围,在保持每年 12 万个增量指标配置额度不变的情况下,摇号配置额度由 7.2 万个提高至 8 万个,竞价配置额度由 4.8 万个降至 4 万个。同时,为促进车辆节能减排,引导市民购买节能环保车型,节能车增量指标和新能源车增量指标无额度限制,增量配额指标均为普通车增量指标。

在现有政策情景下,到 2035 年,广州市私家车的保有量将是 2020 年的 2.3 倍。在双达情景下,到 2035 年,广州市由于实施更为严格的中小客车总量调控和指标管理制度,私家车的保有量将是 2020 年的 2 倍。

7)发展高铁客运(DRP)

高速铁路泛指能供列车以 200km/h 以上速度行驶的铁路系统。与公路车辆和飞机相比,铁路运输因为可扩展的运输能力和没有尾气排放的电气化机车,被认为是清洁低碳的运输方式[146]。闫枫[147]研究了几种现有的发动机牵引功率消耗模型,发现高速铁路是能效最高、对环境影响最小的交通方式。Prussi 和 Lonza[148]模拟了不同的情景,表明高速铁路在每乘客公里二氧化碳排放量方面比航空客运更具显著优势。截至 2023 年底,中国铁路营业里程达到 15.9 万 km,其中高铁里程达到 4.5 万 km。

根据《广州市国土空间总体规划(2018—2035 年)》[149],未来广州市将重点推进广深港高铁广州南站至广州站联络线、广中珠澳高铁等建设,到 2035 年将新增 10 条高铁线路。

在现有政策情景下,到 2035 年,广州市铁路客运周转量占总客运周转量的比重将达到 25%。在双达情景下,到 2035 年,广州市由于进一步发展高铁客运,130 亿人公里的航空客运周转量和 40 亿人公里的公路客运周转量将由铁路客运替代。

8)推广应用天然气城际客车(PLB)

与传统石油制品相比,天然气是清洁低碳的化石能源,使用天然气作为城际客车燃料是实现可持续道路客运系统的可行途径之一。2019 年,全球天然气车辆的保有量已超过 2500 万辆。其中,中国是天然气汽车最大的市场,占全球总量的 50% 以上[150],且主要应用于出租汽车、公共汽电车以及城际客货车。《广州市交通运输"十四五"规划》[114]中明确提出要大力推广天然气在道路运输领域的应用。

在现有政策情景下,到 2035 年,广州市天然气城际客车占城际客车总量的比重将达到 5%。在双达情景下,由于进一步推广天然气在城际客运交通中的应用,将有 10% 的柴油客车被 LNG 客车替代,届时 LNG 客车占比将提高到 15%。

9)推广应用电动城际客车(PEB)

与内燃机汽车相比,电动汽车具有显著减少温室气体和空气污染物排放的潜力[151],因此,推广电动城际客车是清洁空气行动计划的一项重要措施。电动城际客车系统必须考虑广泛的因素,以实现成本和能源利用效率的目标。一方面,电动城际客车的性能取决于行驶距离、道路地形、气候等;另一方面,充电基础设施取决于服务站点的数量和间隔距离、电网特征和电价等[152]。

作为我国公路运输网络的重要节点和华南地区最大的公路主枢纽,广州市未来必将逐渐向城际公路客运领域推广纯电动汽车,以有效减少公路客运排放。

在现有政策情景下,到 2035 年,广州市电动城际客车占城际客车总量的比重将达到 12.5%。在双达情景下,到 2035 年,广州市由于进一步推广电动车在城际客运交通中的应用,17.5% 的柴油城际客车将被电动城际客车替代,届时电动城际客车占城际客车总量的比重将提高到 30%。

10)推广应用氢燃料电池客车(PHB)

燃料电池将氢和氧直接转化为电能。与内燃机相比,氢燃料电池的主要优势是更高效的能源和显著的减排。燃料电池车的行驶效率是内燃机汽车的 2~3 倍。无论采用何种方式制氢,均能在很大程度上减少二氧化碳、颗粒物、硫氧化物和氮氧化物的排放。从长远来看,如果用可再生能源生产氢气,氢燃料电池汽车是最有希望实现机动车零排放的技术之一。氢燃料电池汽车具有加氢时长短、行驶里程长等特点,在需要较重的底座(如铰接式或双层巴士)和较高的日常出行需求时具有特殊的优势。

广州市具有良好的氢气制备条件和产业发展基础,根据《广州市氢能产业发展规划(2019—2030 年)》[153],广州市将于 2030 年实现氢燃料电池汽车在客运领域的商业化应用。

在现有政策情景下,到2035年,广州市氢燃料电池城际客车占城际客车总量的比重将达到2%。在双达情景下,广州市由于进一步推广氢燃料电池汽车在城际客运交通中的应用,到2035年将有5%的柴油城际客车被氢燃料电池城际客车替代,届时氢燃料电池城际客车占城际客车总量的比重将提高到7%。

11) 航空客运推广生物航煤(PSP)

世界范围内的航空客运量急剧增长,是造成温室气体排放增长的一个关键因素。据研究,从2013年到2019年,全球商用飞机的二氧化碳排放量增加了33%,预计到2050年商用飞机的碳排放将占到全球碳排放总量的25%[154]。考虑到生物燃油具有碳排放少、可再生、无需对飞机和发动机进行改装等优势,被认为是航空领域实现2050年显著减排的适当解决方案之一。国际民用航空组织(International Civil Aviation Organization, ICAO)提出到2025年实现全球航空煤油消费量的2%将使用生物燃油;国际航空运输协会(International Air Transport Association, IATA)预计全球航空运输业2050年要实现净零排放的目标,65%的减排进程将通过使用生物航空燃油来实现,届时全球生物航空燃油的需求将超过3.5亿t。虽然目前生物燃油的发展还存在着原料来源和价格等问题,但未来生物燃油在航空运输领域大规模应用的趋势是毋庸置疑的。与化石航空燃料相比,生物航空燃料的温室气体排放量降低了60%以上[155],而且可以显著减少颗粒物的排放[156]。

中国航空市场是全球增长最快的市场,每年增加近5000万名航空乘客。2023年,中国民航运营航班约556万班次,完成客运量约6.2亿人次。其中,广州白云国际机场是中国三大国际航空枢纽之一,旅客吞吐量连续四年位居国内第一。未来,随着经济贸易的进一步发展,广州市的航空客运量必将继续增长,迫切需要推广应用生物航空煤油,以实现航空运输业的可持续发展。

在现有政策情景下,到2035年,广州市生物航空煤油占航空客运燃料的比重将达到2%。在双达情景下,由于进一步推广生物航空煤油在航空客运交通中的应用,全市8%的普通航空煤油将由生物航空煤油替代,届时生物航空煤油的占比将提高到10%。

12) 发展水路货运(DWF)

水路运输,特别是远洋运输是全球贸易中最重要的运输形式之一。水路运输不仅对大陆之间的货物运输至关重要,而且在二氧化碳和污染物排放方面,其造成的环境影响要明显小于公路和航空运输。据分析,在给定负荷的情况下,船舶运输每吨公里的二氧化碳排放量较航空运输减少近90%[157]。各国共同应对全球气候变暖,发展低碳经济的观念在世界范围内已达成共识,向低碳经济转型俨然成为世界经济发展的大趋势,而水运恰恰是低碳、低成本运输的载体。

广州市濒临南海,坐落于珠江的入海口,具有内河和海洋货运的天然优势。广州市的内河航运和远洋运输均较为发达,特别是广州港作为国家沿海主枢纽港和集装箱干线港,其货物吞吐量和集装箱吞吐量均位于世界前列。未来,随着货运需求的持续增长,广州市需要继续发展水路货运,并确保其货运的主导地位。

在现有政策情景下,到2035年,广州市水路货物周转量占总货运周转量的比重将达到

96.1%。在双达情景下,由于进一步发展水路货运,将有 330 亿 t·km 的公路货运周转量由水路货运替代,届时水路货物周转量占比将提高到 96.5%。

13) 发展铁路货运(DRF)

与其他运输方式相比,铁路运输对环境的污染更少,被认为是绿色、健康的运输方式[158]。从单位利用能量的载重吨公里来看,铁路运输是一种比公路运输更有效的货物运输方式,经常被用于多式联运。

广州市是华南地区最大的铁路枢纽,同时也是中国四大铁路枢纽之一。2018 年 12 月,广州市人民政府办公厅印发《广州综合交通枢纽总体规划(2018—2035 年)》[159],提出要加大铁路基础设施建设力度,以促进铁路货运为主的多式联运的快速发展。因此,未来随着货运需求的持续增长,广州市需要大力发展铁路货运。

在现有政策情景下,到 2035 年,广州市铁路货物周转量占总货运周转量的比重将达到 0.18%。在双达情景下,由于进一步发展铁路货运,将有 100 亿 t·km 的公路货运周转量由铁路货运替代,届时铁路货物周转量占比将提高到 0.21%。

14) 公路物流大型化(DHT)

我国公路货运存在"多小散弱"❶的弊病,导致公路货运整体运输效率较低且运输成本较高,此外,还造成温室气体和空气污染物的大量排放。公路货运的大型化发展是解决公路货运"多小散弱"问题的有效手段。交通运输工具的大型化是公路货运大型化的基本特征。相比传统的公路货运方式,公路货运的大型化发展具有集约化、高效化、低成本、高效益、降能耗、减排放等优势[160]。

我国的公路货运物流企业仍以中小型为主,还未形成系统化、集约化和大型化发展,导致公路货运效率低、成本高、能耗高、排放多。广州市公路货运行业也存在挂靠经营、物流企业规模参差不齐等问题,导致广州市公路货运行业向高效化、集约化发展的进程缓慢。未来,公路物流的大型化发展是广州市公路货运的重点发展方向,大力推进公路物流企业向大型化、集约化方向发展。

在现有政策情景下,到 2035 年,广州市公路货运中重型货车的比重将达到 33%。在双达情景下,到 2035 年,进一步推进公路物流的大型化发展,将有 17% 的轻微型货车由重型货车替代,届时公路货运中重型货车的比重将提高到 50%。

15) 推广应用天然气货车(PLT)

为遏制公路货运温室气体和污染物排放持续增加的趋势,实现远期减排目标,公路货运部门需要寻求环境友好的可持续替代方案。公路货运车辆的替代燃料是交通运输部门的一个新兴领域[161]。与汽油、柴油等传统化石燃料相比,天然气相对清洁,使用天然气作为公路货运车辆燃料是实现可持续道路货物运输系统的最可行途径之一[162]。

随着广州市城乡居民收入和消费水平的显著提高,其消费需求的扩大带动了物流业的繁荣发展,广州市的公路货运量持续增长。2019 年 10 月印发的《广东省柴油货车污染治理攻坚

---

❶ 公路货运"多小散弱"的弊病具体指我国公路货运经营主体较多,但规模较小,市场集中度较低;运输组织较为松散,缺少能够引领行业发展方向、占据行业优势的龙头企业,竞争能力弱。

战实施方案》[163]和2021年10月印发的《广州市交通运输"十四五"规划》[114]中均明确提出要大力推广天然气在道路货运领域的应用。

在现有政策情景下,到2035年,广州市LNG货车占货车总量的比重将达到5.5%。在双达情景下,由于进一步推广天然气在货运交通中的应用,将有5%的柴油货车由LNG货车替代,届时LNG货车占比将提高到10%。

16) 推广应用电动货车(PET)

货车的二氧化碳排放量和细颗粒物的排放分别约占公路运输排放总量的45%和27%[164]。在可持续发展的要求下,可以有效减少燃料消耗及温室气体和空气污染物排放的电动货车被认为是实现城市货运绿色、低碳发展的重要途径[165]。与燃油货车相比,电动货车在中国有以下三个优势[166]:一是,电动货车在城市道路上可以不受限制地通行,而燃油货车只允许在特定时间范围内通行;二是,电动货车能够显著降低能源成本,据统计,电动货车的单位公里能源成本约为0.25元/km,而燃油货车达到约1.3元/km;三是,电动货车在行驶过程中不排放温室气体和空气污染物。

随着电动车技术的不断成熟和成本下降,纯电动物流车成为中短途物流配送实现能源清洁化转型的重要方向。根据《广东省柴油货车污染治理攻坚战实施方案》[163]和《广州市交通运输"十四五"规划》[114]等政策文件,广州市将推广应用电动货车作为城市交通节能减排的重要途径。

在现有政策情景下,到2035年,广州市电动货车占货车总量的比重将达到12.5%。在双达情景下,由于进一步推广电动货车在货运交通中的应用,将有17.5%的柴油货车被电动货车替代,届时电动货车占比将提高到30%。

17) 推广应用天然气货船(PLW)

液化天然气(LNG)是水路运输行业最重要的替代燃料,与传统液态化石燃料相比,可以减少20%~30%的二氧化碳排放,且具有一定的成本竞争力[167]。作为一种液化气体,LNG的体积相当于气态产品的1/600,因此作为燃料储存在船上的空间效率很高。根据挪威船级社(DNV)替代燃料洞察(Alternative Fuels Insight)平台数据,截至2023年8月,全球已有316艘LNG动力船舶投入运营,另有511艘LNG动力船舶的订单正待建造。

2021年8月,广东省人民政府办公厅印发《广东省提升内河航运能力和推动内河航运绿色发展总体分工方案》[168],将LNG在水路运输中的应用作为重要的目标和任务。水路货运是广州市最主要的货物运输方式,推广应用天然气货船也是广州市控制水路货运排放的重要途径。

在现有政策情景下,到2035年,广州市LNG占水路货运燃料的比重将达到10%。在双达情景下,由于进一步推广LNG在水路货运交通中的应用,将有10%的普通船用燃料油由LNG替代,届时LNG占比将提高到20%。

18) 推广应用氢燃料电池货车(PHT)

与传统燃油汽车相比,氢燃料电池汽车被称为绿色新型环保汽车,具有零排放、运行平稳、无噪声、燃料加注时间短、行驶里程长等优点。中国已是全球氢燃料电池汽车保有量最多的国家。截至2023年底,中国的氢燃料电池汽车保有量已超过1.2万辆,累计建设加氢站397座。

《广东省柴油货车污染治理攻坚战实施方案》[163]明确鼓励氢燃料电池货车的示范运营,推进城市货运绿色发展。2023年10月,广东省发展和改革委员会等8部门联合印发《广东省加快氢能产业创新发展的意见》[169],提出到2025年推广燃料电池汽车超过1万辆、建成加氢站超过200座,到2027年实现燃料电池汽车规模化推广应用的发展目标。

在现有政策情景下,到2035年,广州市氢燃料电池货车占货车总量的比重将达到2%。在双达情景下,由于进一步推广氢燃料电池汽车在货运交通中的应用,将有8%的柴油货车由氢燃料电池货车替代,届时氢燃料电池货车占比将提高到10%。

19)航空货运推广生物航煤(PSF)

生物航煤具有排放少、可再生、无需对发动机进行改装等优势,被认为是实现航空排放零增长目标的可行途径之一[170]。根据《2019年欧洲航空环境报告》,对比传统化石航空燃料的二氧化碳排放,费舍尔-托洛普技术生产的替代生物航空燃料可减少68%(城市固体废物)到94%(农业残留物)的二氧化碳排放,具体取决于使用的生产原料[171]。根据Moore等[172]的研究,与传统航空燃料相比,生物航空燃料可以使颗粒物排放几乎减少了一半。世界各国迫切需要推进可持续航空燃料的使用,以应对航空工业在环境、社会和经济方面的各种挑战。

广州白云国际机场是中国三大国际航空枢纽之一,未来随着经济的持续快速发展,其货运需求也将持续增长,同时也将面临温室气体和空气污染物排放持续增加的压力。因此,广州市航空货运领域迫切需要推广应用生物航空煤油。

在现有政策情景下,到2035年,广州市生物航空煤油占航空货运燃料的比重将达到2%。在双达情景下,由于进一步推广生物航空煤油在航空货运交通中的应用,将有8%的普通航空煤油由生物航空煤油替代,届时生物航空煤油占比将提高到10%。

20)水路货运推广生物燃料油(PBW)

水路货运是全球温室气体和空气污染物排放的重要来源之一。目前,重燃料油和船用柴油是水路货运的主要燃料。2018年,负责国际海运管理的联合国机构——国际海事组织(IMO)制定了减少国际海运对气候变化影响的初步战略,即到2050年,与海运有关的温室气体排放总量较2008年减少50%[173]。大部分的船舶脱碳将依赖于替代燃料的采用。从技术角度来看,生物燃油是一种环保能源,具有与燃油相似的特性,无需对发动机系统进行任何更改,可直接替代石油制品,以减少传统燃油的颗粒物和温室气体排放[174]。一旦生物燃油技术成熟,将是水路货运远期实现化石能源消费和排放控制最可行的途径。

广州市濒江临海,具有得天独厚的水运优势,内河水运和远洋运输都很发达。未来,随着"一带一路"的建设,广州市的水路货运量将进一步增加,随之带来的温室气体和空气污染物的排放也将进一步增加。因此,广州市未来应积极推广生物燃油在水路货运中的应用,以实现水路货运节能减排目标。

在现有政策情景下,到2035年,广州市生物燃料油占水路货运燃料的比重将达到3%。在双达情景下,由于进一步推广生物燃料油在水路货运交通中的应用,将有7%的普通船用燃料油由生物燃料油替代,届时生物燃料油占比将提高到10%。

6.2 可持续发展关键技术措施减排协同效应分析

6.2.1 协同效应分析方法

1) 减排量弹性系数分析

用减排量弹性系数定量评估广州市交通系统不同技术措施的二氧化碳和空气污染物减排协同效应[77]。减排量弹性系数按式(6-1)计算。

$$S = \frac{\Delta E_{CO_2}/E_{CO_2}}{\Delta E_i/E_i} \tag{6-1}$$

式中： S——减排量弹性系数；

E_{CO_2}、E_i——采取减排措施前的二氧化碳和主要空气污染物排放量；

ΔE_{CO_2}、ΔE_i——采取减排措施带来的二氧化碳和主要空气污染物减排量。

减排量弹性系数(S)同时具有方向和大小两种属性。首先，根据S值的正负判断是否具有协同效应：当$S \leq 0$时，表示减排措施仅对二氧化碳或空气污染物有减排作用，不具有协同减排效应；当$S > 0$时，表示减排措施同时对二氧化碳或空气污染物有减排作用，具有协同减排效应。其次，根据S值的大小判断协同效应的高低：当$0 < S < 1$时，表示措施对空气污染物的减排程度要大于对二氧化碳的减排程度；当$S > 1$时，表示措施对二氧化碳的减排程度要大于对空气污染物的减排程度；当$S = 1$时，表示措施对二氧化碳和空气污染物的减排程度相当，该措施具有最佳的减排协同效应。

2) 协同控制效应坐标分析法

为更加直观地评估措施的减排协同效应程度，采用协同控制效应坐标系法分析交通系统不同措施的二氧化碳和空气污染物协同控制效应(图6-1)[77]。

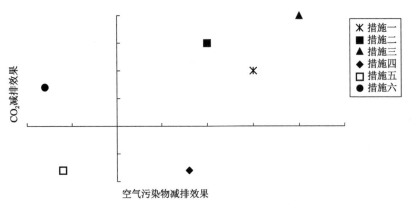

图6-1 二氧化碳和空气污染物协同控制效应坐标系

在二维坐标系中，横坐标表示措施对空气污染物的减排效果，纵坐标表示措施对二氧化碳的减排效果。坐标系中的每个点分别对应一项减排措施，点的横、纵坐标直观地表达了该项措施对空气污染物和二氧化碳的减排效果。位于第一象限(图6-1的措施一到措施三)表示该项措施可同时减排二氧化碳和空气污染物;位于第二象限(图6-1的措施六)表示该项措施减排二氧化碳但增排空气污染物;位于第三象限(图6-1的措施五)表示该项措施同时增排二氧化碳和空气污染物;位于第四象限(图6-1的措施四)表示该项措施减排空气污染物但增排二氧化碳。

为了综合评价措施对多种污染物的协同控制效应,采用空气污染物排放综合当量对多种空气污染物减排量进行归一化处理[175]。空气污染物排放综合当量按式(6-2)计算。

$$\mathrm{EP} = \frac{E_{\mathrm{NO}_x}}{W_{\mathrm{NO}_x}} + \frac{E_{\mathrm{HC}}}{W_{\mathrm{HC}}} + \frac{E_{\mathrm{PM}_{2.5}}}{W_{\mathrm{PM}_{2.5}}} + \frac{E_{\mathrm{SO}_2}}{W_{\mathrm{SO}_2}} \qquad (6\text{-}2)$$

式中:EP——空气污染物排放综合当量值;

E_i——四种主要空气污染物的排放量;

W_i——各空气污染物对应的污染当量值,取值可参考表6-3;

i——空气污染物种类,包括NO_x、HC、$PM_{2.5}$和SO_2。

空气污染物污染当量值　　　　　　　　　　　　　　　　　　　　表6-3

空气污染物	污染当量值(kg)
CO	16.7
NO_x	0.95
HC	0.27
$PM_{2.5}$	4
SO_2	0.95

注:数据源自《中华人民共和国环境保护税法》[176]。其中,HC指仅由碳和氢两种元素组成的有机化合物,包括烷烃、烯烃、芳烃等各类烃类化合物,本书综合考虑各相关污染物的污染当量值,最终确定HC的污染当量值为0.27。

6.2.2 关键技术措施二氧化碳和空气污染物减排效果分析

根据对各减排关键技术措施在实施前后的二氧化碳和主要空气污染物排放的对比分析,得到2035年广州市交通系统不同减排技术措施的二氧化碳和空气污染物减排贡献(表6-4)。

广州市交通系统不同技术措施的二氧化碳和主要空气污染物减排量　　　表6-4

运输类型	措施	减排量(t)						
		CO_2	CO	HC	NO_x	$PM_{2.5}$	SO_2	EP[a]
市内客运	DUS	737096	2387	263	51	10	5	1180
	DUB	363102	1176	130	25	5	2	581
	PEC	2248269	10282	1134	226	42	15	5080
	IEC	540317	1828	202	40	7	4	904
	RFC	499328	1617	178	35	7	3	799
	RNC	416107	1348	149	29	5	3	666
城际客运	DRP	682548	1913	433	3532	60	24	5476
	PLB	24362	−1008	−490	778	15	0	1803
	PEB	51419	829	91	2476	42	0	3005
	PHB	16454	265	29	792	13	0	962
	PSP	437606	70	20	124	4	25	241

续上表

运输类型	措施	减排量(t)						
		CO_2	CO	HC	NO_x	$PM_{2.5}$	SO_2	EP^a
货运交通	DWF	2061352	6440	1518	11665	67	−16	18285
	DRF	690728	1955	461	3575	23	13	5607
	DHT	385595	6220	2158	3465	25	3	11648
	PLT	236637	−1170	−619	953	−10	−1	−1292
	PET	963589	4463	842	4040	32	12	7393
	PHT	481794	2232	421	2020	16	12	3703
	PSF	222444	39	11	69	2	37	37
	PBW	718168	58	20	582	33	81	784
	PLW	12960	−124	−94	1099	70	73	897

注：a. EP 为空气污染物排放综合当量，后同。

1) 市内客运交通二氧化碳和空气污染物减排效果

广州市内客运交通关键技术措施到 2035 年的二氧化碳和主要空气污染物减排贡献（各关键技术措施产生的二氧化碳和主要空气污染物的减排量占减排总量的比例）如图 6-2 所示。

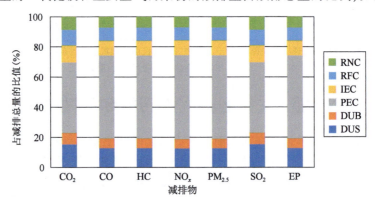

图 6-2　广州市内客运交通关键技术措施的二氧化碳和主要空气污染物减排贡献

市内客运交通中，各项减排关键技术措施均具有一定的二氧化碳和空气污染物减排贡献。其中，推广纯电动私家车(PEC)措施具有最大的二氧化碳和空气污染物减排贡献；其次为发展城市轨道交通(DUS)、燃油私家车能效提升(IEC)和差别化停车管理(RFC)措施；私家车总量管控(RNC)和鼓励乘坐公共汽电车出行(DUB)措施也具有一定的二氧化碳和空气污染物减排贡献。

此外，市内客运交通中各项措施的二氧化碳和空气污染物的减排量占比差别很小。这主要是由于市内客运交通中，城市轨道交通、公共汽电车和出租汽车已实现 100% 纯电动化，故各关键技术措施的减排效果均体现在私家车排放的变化上。

2) 城际客运交通二氧化碳和空气污染物减排效果

图 6-3 给出了广州市城际客运交通关键技术措施到 2035 年的二氧化碳和主要空气污染物减排贡献。

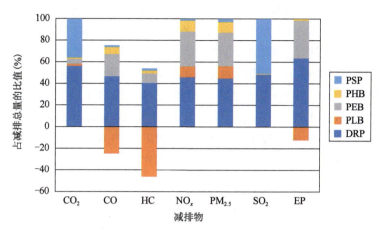

图 6-3　广州市城际客运交通关键技术措施的二氧化碳和主要空气污染物减排贡献

城际客运交通中,各项减排措施同样具有一定的二氧化碳减排贡献,其中,发展高铁客运(DRP)措施的二氧化碳减排贡献最大,其次为航空客运推广生物航煤(PSP)措施,推广应用电动城际客车(PEB)、推广应用天然气城际客车(PLB)和推广应用氢燃料电池客车(PHB)措施的二氧化碳减排贡献相对较小。

从空气污染物减排来看,DRP 措施同样具有最大的空气污染物减排贡献;其次为 PEB 和 PHB 措施,对各种空气污染物均具有一定的减排贡献;PSP 措施能够有效减少 SO_2 的排放,但对其他空气污染物的减排效果相对有限;PLB 措施可以有效减少 NO_x 和 $PM_{2.5}$ 排放,但对 SO_2 的减排效果相对有限,并且会导致 CO 和 HC 排放的大幅度增加,因此将会导致空气污染物排放综合当量(EP)的增排。

3)货运交通二氧化碳和空气污染物减排效果

图 6-4 给出了广州市货运交通关键技术措施到 2035 年的二氧化碳和主要空气污染物减排量占减排总量的比例。

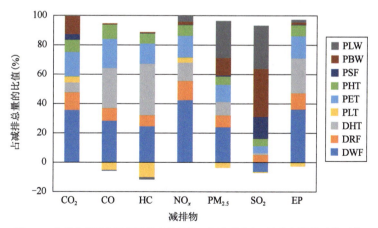

图 6-4　广州市货运交通关键技术措施的二氧化碳和主要空气污染物减排贡献

货运交通中,各项关键技术措施均具有一定的二氧化碳减排贡献。其中,发展水路货运(DWF)措施的二氧化碳减排贡献最大;其次为推广应用电动货车(PET)、水路货运推广生物燃油(PBW)、发展铁路货运(DRF)措施;推广应用氢燃料电池货车(PHT)、公路物流大型化(DHT)、推广应用天然气货车(PLT)、航空货运推广生物航煤(PSF)措施也具有一定的二氧化碳减排贡献;推广应用天然气货船(PLW)措施的二氧化碳减排贡献相对有限。

从空气污染物减排来看,DWF 措施对空气污染物综合当量的减排贡献最大,但由于水路货运主要以燃料油为燃料,其 SO_2 排放因子相对较大,大力发展水路货运将导致 SO_2 排放小幅度增加;DHT、PET、DRF 和 PHT 措施也具有一定的空气污染物减排潜力;PSF 和 PBW 措施对 CO、HC、NO_x 等空气污染物的减排贡献相对有限;PLT 和 PLW 措施虽然可以有效减少 NO_x、$PM_{2.5}$ 和 SO_2 的排放,但由于天然气的 CO 和 HC 排放因子较油品大,提高天然气使用比例将增加货运交通中的 CO 和 HC 排放。

6.2.3 关键技术措施的减排量弹性系数分析

2035 年广州市交通行业各关键技术措施的减排量弹性系数见表6-5。市内客运中,6 项减排关键技术措施的二氧化碳与各主要空气污染物以及空气污染物总体的减排量弹性系数均为 1 左右,说明均具有显著的二氧化碳和空气污染物减排协同效应。

广州市交通系统不同技术措施的二氧化碳和主要空气污染物减排弹性系数　　表 6-5

运输类型	措施	CO	HC	NO_x	$PM_{2.5}$	SO_2	EP
市内客运	DUS	1.07	1.08	1.12	1.04	1.02	0.81
	DUB	1.07	1.08	1.12	1.04	1.02	0.81
	PEC	0.96	1.02	1.08	1.03	1.07	0.97
	IEC	1.03	1.02	1.04	0.98	1.02	0.96
	RFC	1.07	1.08	1.12	1.04	1.02	0.99
	RNC	1.07	1.08	1.12	1.04	1.02	0.99
城际客运	DRP	0.23	0.19	0.28	0.29	0.43	0.69
	PLB	−0.02	−0.01	0.05	0.04	2.76	−0.13
	PEB	0.04	0.07	0.03	0.03	2.33	0.09
	PHB	0.04	0.07	0.03	0.03	2.33	0.09
	PSP	4.11	2.52	5.09	2.78	0.26	3.70
货运交通	DWF	0.59	0.69	0.56	1.37	−9.60	1.41
	DRF	0.65	0.76	0.61	1.36	6.34	1.54
	DHT	0.11	0.09	0.35	0.68	17.09	0.40
	PLT	−0.37	−0.19	0.79	−1.04	−3.50	−1.80
	PET	0.40	0.58	0.76	1.33	9.51	1.58
	PHT	0.40	0.58	0.76	1.33	4.76	1.57
	PSF	3.35	2.93	2.12	1.55	0.32	2.34
	PBW	1.72	1.21	0.18	0.08	0.06	0.29
	PLW	−0.19	−0.07	0.04	0.01	0.02	0.18

城际客运交通中,发展高铁客运(DRP)、推广应用电动城际客车(PEB)、推广应用氢燃料电池客车(PHB)和航空客运推广生物航煤(PSP)措施均具有显著的二氧化碳和空气污染物减排协同效应($S>0$)。其中,DRP 措施的减排弹性系数均在 0~1 之间,表明其对二氧化碳的减

排程度略低于对空气污染物的减排程度;PSP 措施对 CO_2 的减排程度要略高于对 CO、HC、NO_x 和 $PM_{2.5}$ 的减排程度($S>1$),但略低于对 SO_2 的减排程度($0<S<1$);PEB、PHB 措施对 CO_2 的减排程度略低于对 CO、HC、NO_x 和 $PM_{2.5}$ 的减排程度($0<S<1$),但高于对 SO_2 的减排程度($S>1$)。推广应用天然气城际客车(PLB)措施不具有 CO_2 与 CO、HC 的减排协同效应($S<0$),且与 NO_x、$PM_{2.5}$ 和 SO_2 的减排协同效应也较弱($0<S\leqslant0.05$ 或 $S>2.5$),总体而言,该措施不具有二氧化碳和空气污染物减排协同效应。

货运交通中,发展铁路货运(DRF)、公路物流大型化(DHT)、推广应用电动货车(PET)、推广应用氢燃料电池货车(PHT)、航空货运推广生物航煤(PSF)和水路货运推广生物燃料油(PBW)措施均具有显著的二氧化碳和空气污染物减排协同效应($S>0$)。其中,PSF 措施对 CO_2 的减排程度要显著高于 SO_2 以外的其他空气污染物;DRF、PET、PHT 措施对 CO_2 的减排程度要略高于对空气污染物的减排程度($S>1$),特别是要高于对 $PM_{2.5}$ 和 SO_2 的减排程度;PBW 措施对 CO_2 的减排程度要略高于对 CO 和 HC 的减排程度($S>1$),但低于对 NO_x、$PM_{2.5}$ 和 SO_2 的减排程度;DHT 措施对 CO_2 的减排程度高于对 SO_2 的减排程度,但明显低于对其他空气污染物的减排程度。发展水路货运(DWF)措施虽然对二氧化碳和空气污染物总体具有一定的减排协同效应($S=1.41>0$),但不具有 CO_2 与 SO_2 的减排协同效应($S<0$)。推广应用天然气货车(PLT)和推广应用天然气货船(PLW)措施不具有 CO_2 与 CO、HC 的减排协同效应($S<0$),且与 $PM_{2.5}$ 和 SO_2 的减排协同效应也较弱,总体而言,上述两项措施不具有二氧化碳和空气污染物减排协同效应。

6.2.4 关键技术措施的协同控制效应坐标分析

为了更形象直观地展示关键技术措施的减排协同效应,引入协同效应坐标分析方法。横轴代表空气污染物减排的百分比,纵轴代表二氧化碳减排的百分比。每个坐标点代表某一关键技术措施实施后二氧化碳和空气污染物减排的百分比。为了区分不同技术措施产生的减排协同效应,在坐标系中使用不同颜色代表不同的措施。

1)市内客运关键技术措施的减排协同效应分析

从市内客运交通关键技术措施的二氧化碳和空气污染物综合当量减排协同效应坐标分析图(图 6-5)来看,针对市内客运选择的 6 项定量分析措施均具有一定的减排协同效应,其对空气污染物的减排潜力略大于对二氧化碳的减排潜力。其中,推广纯电动私家车(PEC)措施的减排潜力最大,其次是发展城市轨道交通(DUS)措施,燃油私家车能效提升(IEC)、差别化停车管理(RFC)、私家车总量管控(RNC)、鼓励乘坐公共汽电车出行(DUB)措施的减排潜力相对有限。

从市内客运交通关键技术措施的二氧化碳与各主要空气污染物的减排协同效应分析图(图 6-6)来看,推广纯电动私家车(PEC)措施对二氧化碳和各主要空气污染物均具有较好的减排效果,这主要是由于私家车是市内客运最主要的二氧化碳和空气污染物排放源,排放基数大,高比例的纯电动私家车产生较好的二氧化碳和空气污染物减排协同效应。发展城市轨道交通(DUS)、燃油私家车能效提升(IEC)、差别化停车管理(RFC)、私家车总量管控(RNC)和鼓励乘坐公共汽电车出行(DUB)等措施都能从源头上有效降低私家车的排放水平,也具有一定的二氧化碳和各主要空气污染物减排效果。其中,上述措施对 CO_2 和 SO_2 的减排效果基本相当,具有最佳的减排协同效应;上述措施对 CO_2 的减排效果要略好于对 HC 的减排效果,而对 NO_x 和 $PM_{2.5}$ 的减排效果要略好于对 CO_2 的减排效果。

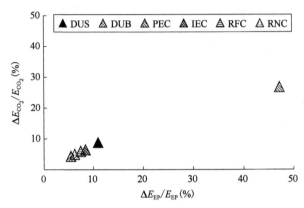

图 6-5　市内客运交通关键技术措施的二氧化碳与空气污染物综合当量减排协同效应

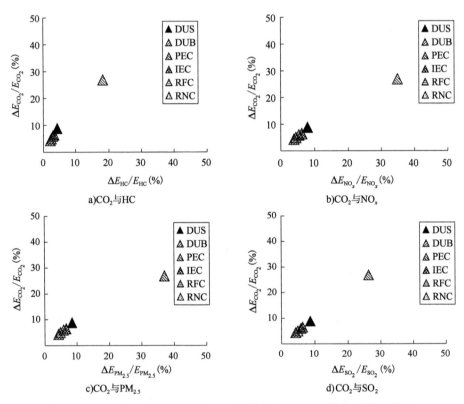

图 6-6　市内客运交通关键技术措施的二氧化碳与主要空气污染物减排协同效应

2) 城际客运关键技术措施的减排协同效应分析

从城际客运交通关键技术措施的二氧化碳与空气污染物综合当量减排协同效应坐标分析图(图 6-7)来看,在选择的 5 项技术措施中除推广应用天然气城际客车(PLB)不具备减排协同效应外,其他措施均具有一定的减排协同效应。其中,发展高铁客运(DRP)措施具有最佳的二氧化碳和空气污染物综合当量减排协同效应,且减排潜力最大;推广应用电动城际客车(PEB)措施的污染物减排效果好于二氧化碳减排效果;航空客运推广生物航煤(PSP)措施的二氧化碳减排程度大于空气污染物综合当量减排程度;考虑到氢燃料电池客车受技术成熟度以及成本的制约,短期内氢燃料电池客车的应用潜力较小,因此,推广应用氢燃料电池客车(PHB)措施的二氧化碳和空气污染物减排潜力较为有限。

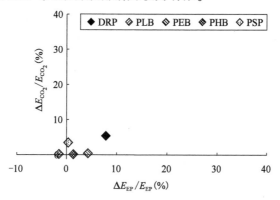

图 6-7 城际客运交通关键技术措施的二氧化碳与空气污染物综合当量减排协同效应

从城际客运交通关键技术措施的二氧化碳与各主要空气污染物的减排协同效应分析图(图6-8)来看,发展高铁客运(DRP)措施对二氧化碳和各主要空气污染物都具有较大的减排潜力,减排协同效应均较好。推广应用电动城际客车(PEB)措施对HC、NO_x和$PM_{2.5}$的减排效果稍好于二氧化碳减排,对SO_2的减排作用有限。航空客运推广生物航空煤油(PSP)措施的SO_2减排潜力大于CO_2减排,但对HC、NO_x、和$PM_{2.5}$的减排潜力较小。推广应用氢燃料电池客车(PHB)措施对二氧化碳和各空气污染物的减排作用均较小。推广应用天然气城际客车(PLB)措施将导致HC增排,同时对SO_2的减排潜力有限。广东省和广州市一直大力推进天然气在道路交通中的应用。但根据措施的减排协同效应分析,天然气在城际客运交通中的应用将导致HC增排,如果要继续实施该项措施,需要配合使用空气污染物末端脱除装置。

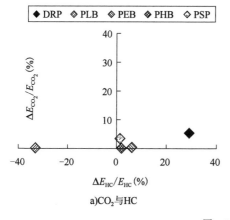
a) CO_2与HC

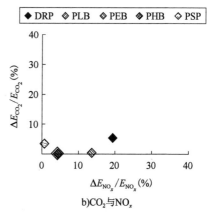
b) CO_2与NO_x

图 6-8

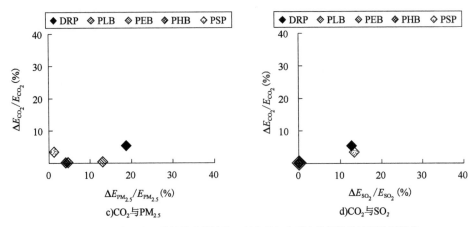

图 6-8　城际客运交通关键技术措施的二氧化碳与主要空气污染物减排协同效应

3) 货运交通关键技术措施的减排协同效应分析

从货运交通关键技术措施的二氧化碳与空气污染物综合当量减排协同效应坐标分析图(图 6-9)来看,发展水路货运(DWF)、推广应用电动货车(PET)、发展铁路货运(DRF)、推广应用氢燃料电池货车(PHT)措施具有最佳的减排协同效应。其中,DWF 措施的减排潜力最大,其次为 PET、DRF、PHT 措施,PHT 措施短期内的减排潜力相对有限。公路物流大型化(DHT)措施的空气污染物减排效果好于二氧化碳减排,而水路货运推广生物燃料油(PBW)、航空货运推广生物航煤(PSF)措施的二氧化碳减排效果好于空气污染物减排效果。推广应用天然气货船(PLW)和推广应用天然气货车(PLT)措施的二氧化碳减排潜力较小,且会导致空气污染物增排,不具备减排协同效应。

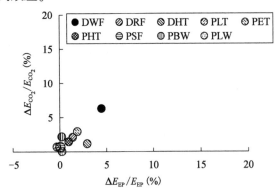

图 6-9　货运交通关键技术措施的二氧化碳与空气污染物综合当量减排协同效应

从城际客运关键技术措施的二氧化碳与各主要空气污染物的减排协同效应分析图(图 6-10)来看,发展水路货运(DWF)措施的 CO_2 与 HC、NO_x 和 $PM_{2.5}$ 的减排协同效应较好,且减排潜力最大,但增加 SO_2 的排放。推广应用电动货车(PET)、发展铁路货运(DRF)、推广应用氢燃料电池货车(PHT)措施也具有一定的 CO_2 与 HC、NO_x 和 $PM_{2.5}$ 的减排协同效应,但对 SO_2 的减排效果相对较弱。公路物流大型化(DHT)措施的 HC、NO_x 和 $PM_{2.5}$ 减排效果好于 CO_2 减排,对 SO_2 的减排作用不大。水路货运推广生物燃料油(PBW)措施对 $PM_{2.5}$ 和 SO_2 具有较好的减排效果,对 CO_2 和 HC 的减排潜力有限。由于货运交通中航空运输的占比相对较小,且生物航煤的推广应用有赖于技术的突破和成本的大幅下降,短期内航空货运推广生物航煤(PSF)措施对二氧化碳和各种主要空气污染物的减排潜力都非常有限。推广应用天然气货船(PLW)措施对 $PM_{2.5}$ 和 SO_2 的减排潜力较大,对 CO_2、NO_x 的减排作用有限,并且会小幅增加 HC 的排放。推广应用天然气货车(PLT)措施对 CO_2 以及 NO_x 和 SO_2 的减排作用不大,并且将导致 HC 和 $PM_{2.5}$ 增排。

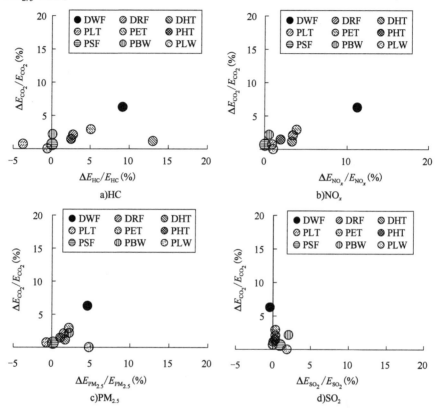

图 6-10 货运交通关键技术措施的二氧化碳与主要空气污染物减排协同效应

2013 年 10 月交通运输部印发《关于推进水运行业应用液化天然气的指导意见》,2021 年 8 月广东省人民政府办公厅印发《广东省提升内河航运能力和推动内河航运绿色发展总体分工方案》等政策文件,大力推进天然气在道路和水路运输中的应用。根据措施的减排协同效应分析,天然气在水路货运交通中的应用将导致 HC 和 $PM_{2.5}$ 增排,如果要继续实施该项措施,需要配合使用空气污染物末端脱除装置。

6.2.5 关键技术措施的减排协同效应分析结果汇总

综合市内客运、城际客运和货运交通关键技术措施的减排协同效应分析可以看出,在同一措施下,二氧化碳和不同空气污染物的协同减排效果存在一定的差异。同时,不同措施对同一种空气污染物和二氧化碳的协同减排效果也存在一定的差异。

广州市交通系统二氧化碳与空气污染物减排协同效果总体评价见表 6-6。符号"＋"表示措施对二氧化碳与空气污染物的协同减排产生积极效果,符号"－"表示措施对协同减排产生消极效果。符号的数目表示技术措施对协同减排效果的程度,符号数量越多,效果越强。

广州市交通系统减排关键技术措施的协同效应　　　表6-6

关键技术措施		CO_2与污染物的减排协同效应				
		HC	NO_x	$PM_{2.5}$	SO_2	EP
市内客运	DUS	+++	+++	+++	+++	+++
	DUB	++	++	++	++	++
	PEC	++++	++++	++++	++++	++++
	IEC	++	++	++	++	++
	RFC	++	++	++	++	++
	RNC	++	++	++	++	++
城际客运	DRP	++++	++++	++++	++++	++++
	PLB	--	---	++	+	-
	PEB	++	+++	+++	+	+++
	PHB	+	+	+	+	+
	PSP	+	+	+	+++	+
货运交通	DWF	++++	++++	++	+	++++
	DRF	+++	+++	+++	+	+++
	DHT	+++	++	++	+	++
	PLT	-	+	-	-	--
	PET	+++	+++	++	+	+++
	PHT	++	++	++	+	++
	PSF	+	+	+	+++	+
	PBW	+	+	++	++	+
	PLW	--	+	++	+	-

注:"+"表示措施对二氧化碳与空气污染物减排具有正向协同效应,"-"表示措施对二氧化碳与空气污染物减排具有负向协同效应。符号的数量表示协同效应大小,符号越多,效应越强。

从表6-6可以看出,选择的关键技术措施大都具有不同程度的二氧化碳和空气污染物减排协同效应。其中,运输结构调整类措施(DUS、DRP、DWF、DRF)具有显著的二氧化碳和空气污染物减排协同效应,因此,对广州市交通系统的运输方式进行优化调整是必要的,优化调整的方向主要是大力发展水路货运、铁路货运、高铁客运以及城市轨道交通和公共汽电车。提高交通工具电气化水平类措施(PEC、PEB、PET)也具有显著的二氧化碳和空气污染物减排协同效应。因此,广州市交通系统应进一步淘汰老旧交通工具,加大引导力度,大力推动纯电动私家车、城际客车和货车的应用,加快交通工具的电动化进程。考虑到氢燃料电池以及生物燃油技术的发展现状和趋势,预计交通系统到2035年的氢燃料电池汽车和生物燃油措施(PHB、PSP、PHT、PSF、PBW)实施力度相对较小,故减排潜力有限,协同效应一般,需要加大技术研发,加快氢燃料电池交通工具和生物燃油在广州市交通系统的推广应用。

在货运和城际客运中推广应用天然气的技术措施(PLB、PLT、PLW)不具备二氧化碳和空气污染物减排协同效应,这主要是因为推广应用LNG的措施将导致CO和HC的排放量增加,而且二氧化碳和其他空气污染物的减排量也较小。因此,未来要促进LNG车船的应用,就需要配合使用空气污染物末端去除装置。

6.2.6 减排协同效应的不确定性和敏感度分析

对于二氧化碳和空气污染物排放的评估,主要的不确定性来自排放因子。从表6-7可以看出,2018年2月广东省发展和改革委员会印发的《广东省企业(单位)二氧化碳排放信息报告指南(2022年修订)》[177]中的二氧化碳排放因子与《IPCC国家温室气体清单指南(2019年修订版)》(第2卷能源)[178]中的默认排放因子基本一致。因此,两者之间的微小差异对研究结果的影响可以忽略不计。

不同数据来源对应的二氧化碳排放因子(单位:$kgCO_2/TJ$) 表6-7

数据来源	汽油	柴油	LPG	天然气	燃料油
《广东省企业(单位)二氧化碳排放信息报告指南(2022年修订)》	69300	74070	63070	56100	77370
《IPCC国家温室气体清单指南(2019年修订版)》	69300	74100	63100	56100	77400

为了降低排放因子引起的不确定性,对采用的二氧化碳和空气污染物排放因子进行了敏感度分析。根据已有研究经验,在没有进一步数据的情况下,化石燃料燃烧数据的推荐默认不确定范围应假定为正负5%[178]。因此,对于二氧化碳和空气污染物排放的评估,本书中排放因子的不确定范围也设定在±5%的范围内。

排放因子敏感度分析的结果见表6-8。敏感度分析结果表明,排放因子对减排量有±5%的影响,但对协同效应量化参数没有影响。总体而言,减排量对排放因子(±5%)较为敏感,而协同效应量化参数对排放因子不敏感。除此之外,LEAP-广州交通双达模型的其他外生参数也存在不确定性,如运输方式、车辆数量、客货周转量、活动水平、能源结构、单位能耗等。减排量和协同效应定量参数对这些外生参数的敏感度与对排放因子的敏感度相似,在此不做过多分析。

广州市交通行业排放因子对减排协同效应的敏感度分析(单位:%) 表6-8

变化范围	减排量的变化	协同效应定量参数的变化
初始值的95%	-5	0
初始值的105%	5	0

6.3 可持续发展关键技术措施减排成本分析

6.3.1 关键技术措施减排成本分析方法

在城市交通系统中,以较低的经济成本减少更多的温室气体和空气污染物排放是制定减排政策最重要的任务之一。边际减排成本是在一定的减排需求下构建的成本指标,为城市交通系统减排路径的制定提供了便利。因此,通常采用边际减排成本来综合分析政策或措施所带来的环境效益和经济效益。

通过将二氧化碳与多种污染物的减排效果统一到同一尺度上,能够评价关键技术措施对二氧化碳和多种污染物的综合减排成本,对于评价减排措施的经济性具有重要意义。因此,需要采用归一化方法量化二氧化碳与空气污染物的协同减排效果。构建二氧化碳与空气污染物综合减排当量指标 $\Delta_{A_{Peq}}$,用以反映二氧化碳与空气污染物协同减排的总体效果,其归一化计算公式见式(6-3)。

$$\Delta_{A_{Peq}} = \alpha \Delta E_{SO_2} + \beta \Delta E_{NO_x} + \delta \Delta E_{PM_{2.5}} + \varepsilon \Delta E_{HC} + \theta \Delta E_{CO_2} \tag{6-3}$$

式中:ΔE_{SO_2}、ΔE_{NO_x}、$\Delta E_{PM_{2.5}}$、ΔE_{HC}、ΔE_{CO_2}——减排措施对各项空气污染物和二氧化碳的减排量;

α、β、δ、ε、θ——各项空气污染物和二氧化碳对应的当量系数(权重值,表6-9)。

当量系数表(单位:元/kg)　　　　　　　　　　　　　　　　　表6-9

当量系数	数值
α	0.05516
β	0.05516
δ	0.23227
ε	0.05516
θ	0.00125

注:数据来自《城市交通大气污染物与温室气体协同控制技术指南(1.0版)》[89]中的大气污染物和二氧化碳排放影响的货币化参数表。

边际减排成本按式(6-4)计算。

$$M_{T_i} = \frac{C_{TL_i} - C_{TB_i}}{E_{TB_i} - E_{TL_i}} \tag{6-4}$$

式中:M_{T_i}——第 i 项减排措施对应的边际减排成本;

C_{TL_i}——2035年第 i 项减排措施的投资成本,包括固定投资成本和燃料成本两部分;

C_{TB_i}——第 i 项减排措施替代的活动水平所对应的投资成本,包括固定投资成本和燃料成本两部分;

E_{TL_i}——2035年第 i 项减排措施所对应的二氧化碳或空气污染物排放量;

E_{TB_i}——第 i 项减排措施替代的活动水平所对应的二氧化碳或空气污染物排放量。

根据各项减排措施的综合减排当量和减排成本,绘制二氧化碳和空气污染物边际减排成本曲线以反映各项措施减排边际量的温室气体和空气污染物需要付出的成本,是二氧化碳和空气污染物减排路径设计的重要依据。图6-11中横坐标代表措施的减排潜力,纵坐标代表措施的单位减排成本;每个矩形的宽度表示措施减排潜力的大小,每个矩形的高度表示措施单位减排成本的大小。边际减排成本曲线中,位于横坐标以下表示措施的收益大于所需投资,位于横坐标以上表示措施的投资大于收益。

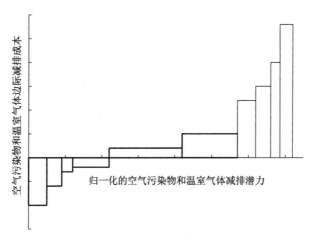

图 6-11 边际减排成本曲线示意图

研究中各项关键技术措施采用的成本数据来源见表 6-10。

成本计算数据来源　　　　　　　　　　表 6-10

数据	数据来源
铁路的单位公里投资成本	参考文献[179]
公路的单位公里投资成本	参考文献[180]
航空客运单位客运周转量成本	参考文献[181]
地铁客运单位人次成本	参考文献[182]
生物航空煤油和生物燃料油的成本	参考文献[183]
提升燃油车能源效率的成本	参考文献[184]
各种交通工具和燃料的成本	当地市场调研

6.3.2　市内客运关键技术措施的边际减排成本

根据市内客运关键技术措施的边际减排成本曲线(图 6-12),私家车总量管控(RNC)、鼓励乘坐公共汽电车出行(DUB)、发展城市轨道交通(DUS)、差别化停车管理(RFC)以及燃油私家车能效提升(IEC)措施的单位综合当量减排成本为负,且具有较好的减排效果,是市内客运需要优先采取的减排措施。其中,RNC 和 RFC 措施主要依靠行政手段;DUB 和 DUS 措施需要政府加大基础设施建设、通过政策引导企业和市民积极参与;IEC 措施需要汽车企业加快技术进步,并引导市民养成良好的驾车习惯。

由于私家车数量较大,推广纯电动私家车(PEC)措施的减排潜力巨大,但同时也需要一定的减排成本。随着电动车技术的日益成熟,纯电动私家车的价格已显著下降,加之用电成本的比较优势,纯电动私家车的推广速度显著提升。据统计,广东省 2023 年新能源汽车渗透率为 31.4%,其中广州市为 51.2%,已超过传统燃油汽车。预计 PEC 措施将是未来广州市内客运交通实现可持续发展的关键技术措施,要实现私家车的全面电动化还需要汽车企业技术进步带来的电动车成本进一步降低,以及基础设施的进一步优化和完善。

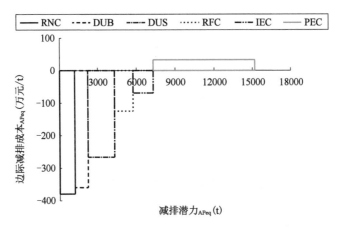

图 6-12　市内客运交通关键技术措施的边际减排成本曲线

6.3.3　城际客运关键技术措施的边际减排成本分析

根据城际客运交通关键技术措施的边际减排成本曲线（图 6-13），发展高铁客运（DRP）的单位综合当量减排成本为负，且减排潜力巨大，是城际客运交通需要优先采取的减排措施，需要政府加大基础设施建设并通过政策引导企业积极参与。推广应用天然气城际客车（PLB）措施的减排成本也为负值，但如果天然气价格持续走高，其减排成本也可能提高，需要理清天然气价格机制，并配合使用污染物末端脱除装置。

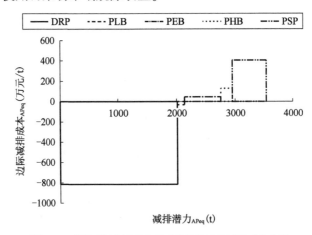

图 6-13　城际客运交通关键技术措施的边际减排成本曲线

推广应用电动城际客车（PEB）措施的减排潜力也比较大，减排成本相对较小，但由于成本主要靠企业承担，考虑到目前长距离电动车技术的发展趋势，可作为广州市城际客运中长期减排的重要措施。

氢能是广州市未来发展的重要方向，而氢燃料电池客车（PHB）将成为氢能在交通系统应用的试点项目，具有一定的减排潜力。考虑到我国氢燃料电池汽车技术的发展现状，预计要实现大规模应用还需要较长的时间，且减排成本较高，可作为广州市城际客运远期减排的重要措施，其成本的降低依赖于技术的突破以及广州市氢能产业的发展和成熟。

使用生物燃油是航空客运领域实现减排的重要途径。由于生物燃油技术还处于研发阶段，预计要实现大规模应用还需要较长的时间，且减排成本较高，可将航空客运推广生物航空煤油(PSP)措施作为广州市城际客运远期减排的重要措施，其成本的降低依赖于技术的突破和行业标准规范的制订等。

6.3.4 货运交通关键技术措施的边际减排成本分析

根据货运交通关键技术措施的边际减排成本曲线(图6-14)，发展水路货运(DWF)、发展铁路货运(DRF)、推广应用天然气货车(PLT)以及公路物流大型化(DHT)措施的边际减排成本为负，且具有一定的减排效果，是货运交通中需要优先采取的减排措施。其中，DWF和DRF措施的减排潜力较大，是短期内发展的重点；DHT是公路货运未来发展的重要方向；PLT措施同样需要理清天然气价格机制，并配合使用污染物末端脱除装置。

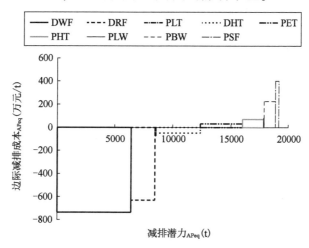

图6-14 城际货运关键技术措施的边际减排成本曲线

推广应用电动货车(PET)措施的减排潜力很大，减排成本也在可承受的范围内。考虑到长距离、大容量电动车技术的发展趋势，可作为广州市货运交通中长期减排的重要措施。推广应用天然气货船(PLW)措施也需要一定的减排成本，可作为内河航运中长期减排的重要措施，且需要配合使用污染物末端脱除装置。

使用氢能和生物燃油也是货运交通系统实现减排的重要途径。考虑到技术成熟度和成本，预计要实现氢燃料电池货车(PHT)、生物燃料油(PBW)和生物航煤(PSF)的大规模应用还需要较长时间，且减排成本较高，可作为广州市货运交通远期减排的重要措施。

6.3.5 可持续发展关键技术措施的发展顺序

综合市内客运、城际客运和货运交通各项关键技术措施的减排效果和边际减排成本，得到广州市交通系统的关键减排措施的综合发展排序(表6-11)。可以看到，运输需求控制、运输结构优化、管理水平优化类措施的减排成本为负值，有利于促进广州市交通系统二氧化碳和空气污染物减排，同时，私家车的纯电动化以及促进天然气在公路客货运的使用减排成本也相对较小,可作为优先发展的措施;公路客货运电气化、推广天然气货船、发展氢燃料电池客货车的成本需要技术水平的提升以及天然气价格的稳定,可作为中期长期减排的关键技术措施;生物燃油的规模化应用有待于技术突破以及成本下降,是广州市交通系统远期减排的关键。

广州市交通系统关键技术措施的发展排序　　　　表 6-11

发展排序	关键技术措施	发展主体及角色
优先发展	私家车总量管控(RNC)	市级政府部门行政手段
	发展城市轨道交通(DUS)	市级政府部门加大基础设施建设,通过政策引导企业积极参与
	鼓励乘坐公共汽电车出行(DUB)	
	差别化停车管理(RFC)	市级政府部门行政手段
	公路物流大型化(PHT)	市级政府部门出台政策引导企业升级
	发展高铁客运(DRP)	省级政府加大基础设施建设,通过政策引导企业积极参与
	发展水路货运(DWF)	
	发展铁路货运(DRF)	
	推广应用天然气城际客车(PLB)	省级政府进一步理顺天然气价格机制,完善天然气客车排放标准,引导企业积极参与,并配合使用空气污染物末端脱除装置
	推广应用天然气货车(PLT)	
	燃油私家车能效提升(IEC)	汽车生产企业加大技术研发力度
	推广纯电动私家车(PEC)	省市级政府部门财政补贴奖励,引导市民购买和使用电动车
中期发展	推广应用电动城际客车(PEB)	省市级政府部门财政补贴奖励,引导企业积极参与
	推广应用电动货车(PET)	
	推广应用天然气货船(PLW)	省级政府进一步理顺天然气价格机制,完善天然气货船排放标准,引导物流企业积极参与,并配合使用空气污染物末端脱除装置
	推广应用氢燃料电池客车(PHB)	市级政府编制氢能产业发展规划,促进技术突破和配套基础设施建设;出台财政补贴奖励政策,引导企业积极参与
	推广应用氢燃料电池货车(PHT)	
远期发展	水路货运推广生物燃料油(PBW)	国家及省市政府联合相关企业,支持开展生物航空煤油技术研发,尽早实现技术突破并制定标准,促进产业发展
	航空客运推广生物航空煤油(PSP)	
	航空货运推广生物航空煤油(PSF)	

第7章

广州市交通系统可持续发展路径

7.1 可持续发展路线图

交通系统实现可持续发展是一项复杂的系统工程,涉及运输需求管理引导、运输结构调整、能源结构优化、能源效率提升、排放标准提升、基础设施建设等诸多方面。根据不同发展情景的模拟结果,如果延续"十三五"期间的发展趋势和政策措施,广州市交通系统的能源消费需求以及二氧化碳和空气污染物仍将持续增长,要实现交通系统的可持续发展,需要进一步强化政策措施的实施力度。综合考虑广州市交通系统的减排潜力以及关键技术措施的减排协同效应、减排成本、技术成熟度、本地适用性等因素,提出广州市交通系统到2035年分阶段可持续发展目标和路线图(图7-1)。

1) 2025年前加强交通基础设施建设,促进电动车的推广应用

以粤港澳大湾区建设为契机,优化城市空间布局,构建非机动化出行友好环境,有效减少市内机动化出行需求;优化产业空间布局,有效减少跨城市通勤交通增长;推动经济结构转型升级,合理布局物流集散地,缩短货运距离,降低单位生产总值货运周转量水平。

坚持"公交优先"发展战略,重点提升城市轨道交通运能和覆盖率,合理发展"如约巴士"等定制公交,完善公交专用道、公交站场的建设和管理,提升公共交通线网的整体运营效率,实现到2025年广州市公交分担率回升至58%左右;加速高速铁路和城际铁路的建设和运营,扩大铁路客运的可达范围;完善内河和远洋航道与疏港铁路、公路等集疏运网络,强化水路货运优势。

在公共汽电车、出租汽车100%纯电动化基础上,大力推进充电桩等基础设施的规划和建设,进一步引导和鼓励私人购买和使用纯电动汽车;水路货运鼓励使用岸电,实现港口机械电气化改造;鼓励天然气在公路、水路运输中的推广和应用,加速交通系统氢能和生物燃油技术研发。

继续淘汰老旧车船,推广使用轻型节能交通工具;推动交通系统技术进步,挖掘交通工具能效提升空间;完成客货运站场、空港、海港及公铁联运场站的节能改造;推广先进客货运组织管理模式,提高客货运企业规模化、集约化水平,引导交通运输企业向大型化、专业化方向发展,不断提高运输效率。

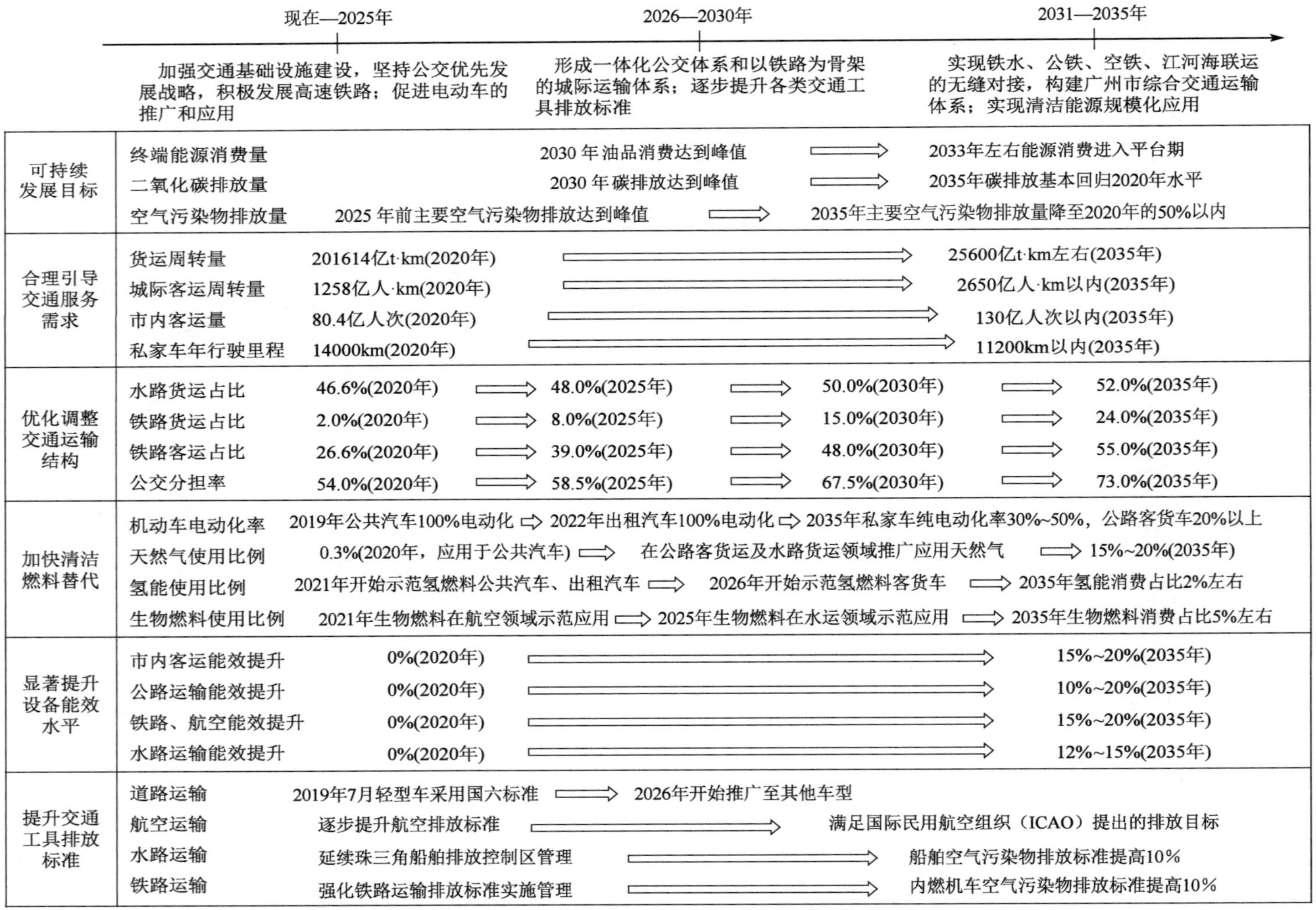

类别	指标	现在—2025年	2026—2030年	2031—2035年
可持续发展目标		加强交通基础设施建设，坚持公交优先发展战略，积极发展高速铁路；促进电动车的推广和应用	形成一体化公交体系和以铁路为骨架的城际运输体系；逐步提升各类交通工具排放标准	实现铁水、公铁、空铁、江河海联运的无缝对接，构建广州市综合交通运输体系；实现清洁能源规模化应用
合理引导交通服务需求	终端能源消费量		2030年油品消费达到峰值	2033年左右能源消费进入平台期
	二氧化碳排放量		2030年碳排放达到峰值	2035年碳排放基本回归2020年水平
	空气污染物排放量	2025年前主要空气污染物排放达到标准	2035年主要空气污染物排放量降至2020年的50%以内	
	货运周转量	201614亿t·km(2020年)		25600亿t·km左右(2035年)
	城际客运周转量	1258亿人·km(2020年)		2650亿人·km以内(2035年)
	市内客运量	80.4亿人次(2020年)		130亿人次以内(2035年)
	私家车年行驶里程	14000km(2020年)		11200km以内(2035年)
优化调整交通运输结构	水路货运占比	46.6%(2020年)	48.0%(2025年)	50.0%(2030年) → 52.0%(2035年)
	铁路货运占比	2.0%(2020年)	8.0%(2025年)	15.0%(2030年) → 24.0%(2035年)
	铁路客运占比	26.6%(2020年)	39.0%(2025年)	48.0%(2030年) → 55.0%(2035年)
	公交分担率	54.0%(2020年)	58.5%(2025年)	67.5%(2030年) → 73.0%(2035年)
加快清洁燃料替代	机动车电动化率	2019年公共汽车100%电动化 ⇨ 2022年出租汽车100%电动化，应用于公共汽车、出租汽车 ⇨ 2035年私家车纯电动化率30%~50%，公路客货车20%以上		
	天然气使用比例		在公路客货运及水路货运领域推广应用天然气	15%~20%(2035年)
	氢能使用比例	2021年开始示范公共汽车 ⇨ 2026年开始示范氢燃料客货车		2035年氢能消费占比2%左右
	生物燃料使用比例	2021年生物燃料在航空领域示范应用 ⇨ 2025年生物燃料在水运领域示范应用		2035年生物燃料消费占比5%左右
显著提升设备能效水平	市内客运能效提升	0%(2020年)		15%~20%(2035年)
	公路运输能效提升	0%(2020年)		10%~20%(2035年)
	铁路、航空运输能效提升	0%(2020年)		15%~20%(2035年)
	水路运输能效提升	0%(2020年)		12%~15%(2035年)
提升交通工具排放标准	道路运输	2019年7月轻型车采用国六标准 ⇨ 2026年采用国七标准		
	航空运输	逐步提升航空排放标准		满足国际民用航空组织（ICAO）提出的排放目标
	水路运输	延续珠三角船舶排放控制区管理		船舶空气污染物排放标准提高10%
	铁路运输	强化铁路运输排放标准实施管理		内燃机车空气污染物排放标准提高10%

图7-1　广州市交通系统可持续发展路线图

2) 2030 年前形成一体化公交体系和以铁路为骨架的城际运输体系,逐步提升交通工具排放标准

优化城市功能结构布局,注重土地混合开发、高密度建设,构建紧凑型城市,降低市内机动化出行需求增长;鼓励远程办公和视频会议,减少城际客运运输需求;推进物流信息化和标准化进程,促进现代物流业快速发展,减少不必要的货运需求。

强化城市公共交通与航空、铁路等城际客运的无缝衔接,构建形成公共汽电车、城市轨道交通、出租汽车、城市客运轮渡等多种方式相衔接的一体化公交体系,实现到 2030 年全市公交分担率提高至 68% 左右;规划建设珠三角城市 1h 通达的城际铁路交通圈,形成以高速铁路为骨架的城际运输体系,减缓公路客运和航空客运需求增长压力;确保水路货运主体地位不动摇,促进铁路货运发展,推广多式联运。

进一步鼓励私人购买和使用纯电动汽车,实现面向长距离、大载荷电动汽车技术突破,促进公路客货运"电气化"进程;实现天然气在公路、水路运输中的规模化应用,配合使用空气污染物末端脱除装置,实现到 2030 年广州市交通系统天然气消费占比达到 8.5%;公交领域氢燃料电池汽车占比达到 18%,试点示范氢燃料客货车;推进生物燃油在水运和航空运输领域的示范应用;实现到 2030 年全市交通系统油品消费、碳排放以及主要空气污染物排放达到峰值。

在轻型车领域继续严格执行国六 B 标准,适时推广至其他车型;强化运输排放标准管理,积极促进航空、铁路运输空气污染物排放标准提升;延续珠三角船舶排放控制区管理,提高水路运输排放标准。

3) 2035 年形成广州市综合交通运输体系,实现清洁能源规模化应用

实现信息化与交通运输系统深度融合,发展智能交通系统,整合各类运输方式信息资源,优化交通运输组织形式和运输模式,有效提高客货运实载率,进一步减少不合理的运输需求增长,提高运输效率。

提升公共交通服务水平,采用政策管控和经济调节相结合的手段,有效控制私家车的增长速度和使用频率,实现到 2030 年全市公交分担率达到 70% 以上;进一步优化客运交通运输网络布局,逐步实现市内公共交通与城际客运的零换乘和无缝衔接;加强公铁联运、铁水联运、江海联运,逐步实现多式联运有机衔接,构建综合交通运输体系。

加快道路运输"电气化"进程,实现到 2035 年全市私家车纯电动化率达到 30%~50%,公路客货车纯电动化率达到 20% 以上;天然气全面推广,成为重要的交通替代能源,到 2035 年全市交通系统天然气消费占比达到 15%~20%;扩大氢能、生物燃油在交通系统的应用规模,到 2035 年交通系统氢能消费占比达到 2% 以上,生物燃油消费占比达到 5% 左右。

进一步挖掘技术进步和管理水平提升空间,有效提高交通工具能效水平,实现到 2035 年各类运输方式单位综合能耗较 2015 年下降 10%~20%;合理提升交通工具排放标准,严格淘汰老旧交通工具,到 2035 年道路运输全面实施国六标准,其他运输方式排放标准较 2020 年水平提高 10%。实现到 2035 年广州市交通系统能源消费需求和碳排放回归 2020 年水平,主要空气污染物排放量较 2020 年水平减少一半以上。

7.2 可持续发展路径

7.2.1 市内客运交通可持续发展路径

市内客运是广州市交通系统重要的二氧化碳和主要空气污染物排放源,也是城市层面最具有管辖权的运输类别。广州市内客运交通的可持续发展路径见表7-1。

广州市内客运交通可持续发展路径　　　　　表7-1

重点方向	发展目标	发展路径
客运需求控制	较基准情景下降5%~10%	·优化城市功能结构布局,土地混合开发、高密度建设,构建紧凑型城市; ·深化以公共交通为导向的TOD发展模式; ·完善慢行交通系统,构建非机动化出行友好环境; ·远程办公和视频会议
客运结构优化	构建一体化公交体系,公交分担率达到75%;私家车拥有量增长速度控制在2%以内	·加速地铁、有轨电车规划和建设,提升城市轨道交通运能和覆盖率; ·优化公交线网,合理发展定制公交; ·合理建设客运码头和航线,提升水上巴士服务质量; ·强化城市公共交通与城际客运的无缝衔接; ·适时提出将新能源车辆指标纳入总量调控的意见和实施方案,研究远期中小客车总量调控指标缩减方案; ·全面实行分区域、分类型、分时段差别化停车收费; ·研究拥堵收费、低排区管理等政策
燃料替代	私家车纯电动化率达到50%以上;氢燃料电池公共汽车、出租汽车占比均达到30%以上	·加速纯电动汽车技术升级,提升续航里程和安全性; ·推进充电桩等基础设施的规划和建设,尤其加强在公交站场、大型居住社区、大型商业区等的合理布局; ·加快氢燃料电池汽车技术研发; ·整合全市氢能资源; ·攻克氢能储运技术瓶颈,规划建设加氢站
客运能效提升	市内客运单位运输量能耗下降15%~20%	·强制性报废老旧车辆; ·公交、地铁站场节能改造; ·提升市内客运交通信息化、智能化管理水平; ·推广应用自动驾驶技术
排放标准提升	严格实施国六B排放标准	·严格实施国六排放标准6b阶段

1) 市内客运需求增长控制

随着城市化进程的加快,职住地分离、通勤距离和时间拉长、交通拥堵等城市病日益突出。需要优化城市功能结构布局,促进土地混合开发、高密度建设,构建紧凑型城市;深化以公共交通为导向的TOD发展模式,同时完善慢行交通系统;鼓励远程办公和视频会议,有效控制市内客运需求增长。

2)市内客运结构优化

广州市一直致力于发展公共交通,2018年10月被交通运输部授予"国家公交都市建设示范城市"。但随着生活水平的不断提升,私家车的增长呈现出反弹的趋势。未来需要继续坚持"公交优先"发展战略,加速地铁、有轨电车规划和建设,提升城市轨道交通运能和覆盖率;优化公交线网,合理发展定制公交;合理建设客运码头和航线,提升水上巴士服务质量;强化城市公共交通与城际客运的无缝衔接,构建形成一体化公交体系。同时,继续严格实施小客车总量调控政策,适时提出将新能源车辆指标纳入总量调控的意见和实施方案,研究远期小客车总量调控指标缩减方案;配合实行分区域、分类型、分时段差别化停车管理、拥堵收费、低排区管理等经济手段,有效抑制私家车增长速度和使用频率。

3)燃料清洁化替代

电动汽车是广州市内客运交通实现能源转型的重要方向,2019年已基本实现公共汽车100%纯电动化,2022年已基本实现出租汽车100%纯电动化。未来需要加速纯电动汽车技术升级,提升续航里程和安全性,同时,推进充电桩等基础设施的规划和建设,尤其加强在大型居住社区、大型商业区等的合理布局,进一步提升私家车电动化水平。此外,氢能是广州市未来能源转型的重要方向,需要加快氢燃料电池汽车技术研发,攻克氢能储运技术瓶颈,推动公共汽电车、出租汽车领域氢燃料电池汽车的示范和推广,规划建设加氢站。

4)市内客运能源利用效率提升

市内客运交通工具的能效提升主要依靠燃料替代实现,要继续挖掘市内客运能源利用效率提升潜力,需要进一步强制性报废老旧车辆,开展公交、地铁站场节能改造,提升市内客运交通信息化、智能化管理水平,同时,在私家车领域推广应用自动驾驶技术。

5)排放标准提升

更高的排放标准通常意味着车辆的排放更为环保,对环境的负面影响也更小。广州市持续推动机动车排放标准的提升,于2019年7月开始执行轻型车国六排放标准,并于2023年7月开始全面实施轻型汽车国六B排放标准。未来,广州市需要继续严格实施轻型汽车国六B排放标准,逐步淘汰老旧车辆,不断提高国六B排放标准轻型汽车的占比。

7.2.2 城际客运交通可持续发展路径

城际客运交通是广州市交通系统重要的二氧化碳和主要空气污染物排放源,其可持续发展路径见表7-2。

广州市城际客运交通可持续发展路径 表7-2

重点方向	发展目标	发展路径
客运需求控制	较基准情景下降5%	·优化产业空间布局; ·远程办公和视频会议
客运结构优化	构建以高速铁路为主体的城际客运体系;2035年铁路客运量较2020年增长约2.4倍	·加快高铁基础设施建设,扩大铁路辐射能力; ·规划建设城际铁路网线; ·制定灵活的火车车次安排和票价机制; ·继续完善国际、国内航线网络; ·强化集疏运公路网络建设

续上表

重点方向	发展目标	发展路径
燃料替代	电动客车占比达到30%;铁路客运实现100%电动化;生物燃油在航空客运领域消费占比达10%	·理顺天然气定价机制; ·主要高速公路天然气加气站建设; ·加速长距离、大载荷电动汽车技术研发; ·推进充电桩等基础设施的规划和建设; ·加快生物燃油技术攻关
客运能效提升	城际客运单位周转量能耗下降10%~20%	·强制性报废老旧交通工具; ·客运站场节能改造; ·提升客运组织管理水平
排放标准提升	大中型客车逐步实施国六排放标准;其他客运方式排放标准提升10%	·大中型客车适时实施国六排放标准; ·积极促进航空、铁路运输空气污染物排放标准提升

1) 城际客运需求增长控制

随着粤港澳大湾区的融合发展,广州市未来的城际客运需求将持续增长。应优化产业空间布局,同时,加快普及电话会议、视频会议,鼓励远程办公,有效减少跨城市通勤交通增长。

2) 城际客运结构优化

公路客运一直是广州市城市客运最主要的运输方式,经济、高效的铁路客运发展相对滞后。应加快高速铁路基础设施建设,扩大铁路辐射能力;规划建设城际铁路网线,构建1h互通的珠三角城际铁路交通圈;制定灵活的火车车次安排和票价机制,实现铁路客运公交化;继续完善国际、国内航线网络,提升广州白云国际机场竞争力;强化集疏运公路网络建设,构建以高速铁路和公路为主体的快速客运交通网络。

3) 燃料清洁化替代

航空煤油和公路货运的柴油消费分别是广州市城际客运交通二氧化碳和空气污染物排放的主要来源。天然气仍然是中短期内公路客运重要的替代能源,应理顺天然气定价机制,配合使用空气污染物末端脱除装置,规划建设天然气加气站。电力和氢能将是城际客运实现能源转型的重要方向,需要加速长距离、大载荷电动客车和氢燃料电池客车技术研发,推进充电桩、加氢站等配套设施的规划和建设。同时,加快生物燃油技术攻关,促进航空客运燃油清洁化。

4) 城际客运能源利用效率提升

交通工具的能效提升也是城际客运交通实现可持续发展的重要途径。需适当提高燃油经济性标准,强制性报废老旧交通工具;开展客运站场节能改造,减少不必要的能源消费;整合客运交通信息资源,提升客运组织管理水平。

5) 排放标准提升

2019年7月1日广州市对轻型汽车实施国六排放标准,并于2021年7月扩展到重型柴油车,2023年7月全面实施轻型汽车国六排放标准6b阶段和重型柴油车国六排放标准6b阶段。未来,广州市应适时推广至其他车型,实现全面实施国六排放标准;同时,积极促进航空、铁路、水路运输空气污染物排放标准提升。

7.2.3 货运交通可持续发展路径

货运交通是广州市交通系统二氧化碳和主要空气污染物排放最主要的来源,也是减排潜力最大的部门,是未来广州市交通系统实现可持续发展的关键,其可持续发展路径见表7-3。

广州市货运交通可持续发展路径 表7-3

重点方向	发展目标	发展路径
货运需求控制	较基准情景下降5%~10%	·深化产业转型升级,有效降低货运强度; ·优化产业空间布局,合理布局物流集散地; ·发展现代物流业,实现货运企业大型化、专业化; ·优化物流组织形式,有效提高货运实载率
货运结构优化	实现多式联运,形成广州市货运综合交通体系;2035年水路货运量占比较2015年提高50%以上,铁路货运量占比达到20%	·加快深水航道拓宽、内河航道扩能升级; ·加大铁路基础设施建设,升级铁路网密度和运输能力; ·进一步促进铁路市场化改革; ·建设空港经济示范区,发展高增值航空货运; ·强化集疏运公路网络建设; ·加强公铁、空铁、铁水、江海联运,强化精准衔接; ·推行货运"一单制"联运,实现多式联运
燃料替代	天然气车、电动车、氢燃料电池汽车占比分别达到10%、30%和10%;生物燃油在水路和航空货运领域消费占比均达到10%	·理顺天然气定价机制; ·加快天然气重卡、远洋货船技术研发; ·加速长距离、大载荷电动汽车技术研发; ·推进充电桩等基础设施的规划和建设; ·鼓励使用岸电,实现港口机械电气化改造; ·推进氢燃料电池交通装备研发制造; ·加快生物燃油技术攻关
货运能效提升	货运单位周转量能耗下降15%~20%	·强制性报废老旧交通工具; ·货运站场、海港节能改造; ·推广先进货运组织管理模式; ·发展现代物流业
排放标准提升	货车逐步实施国六排放标准;其他货运方式排放标准提升10%	·适时全面实施货车国六排放标准; ·积极促进航空、铁路运输空气污染物排放标准提升; ·延续船舶排放控制区管理,提高水路运输排放标准

1) 货运需求增长控制

随着产业结构的不断优化,广州市的货运强度(即货运周转量/生产总值)不断改进,但2020年的货运强度仍高达0.864t·km/元,远高于我国平均水平(0.2t·km/元)。需要以粤港澳大湾区建设为契机,进一步深化产业结构升级,发展高附加值制造业;优化产业空间布局,合理布局物流集散地,缩短货运距离;同时,发展现代物流业,优化物流组织形式,减少散货物流需求,提高实载率,有效控制不合理的货运需求增长,降低单位生产总值货运周转量水平。

2) 货运结构优化

广州市濒江临海,水路货运相对发达,而能耗和排放强度较大的公路货运仍是广州市最主要的货运方式,其货运量占比高达65%以上,铁路货运发展较为薄弱。需要进一步加快深水航道拓宽、内河航道扩能升级等工程建设,确保水路货运的主体地位;加大铁路基础设施建设,升级铁路网密度和运输能力,提高铁路生产力水平;依托广州白云国际机场建设空港经济示范区,发展高增值航空货运;加强公铁、空铁、铁水、江海联运,推行货运"一单制"联运,构建全方位的综合性现代货运物流体系。

3)燃料清洁化替代

货运交通能耗以燃料油、柴油、航空煤油为主,因而二氧化碳和空气污染物排放量大。天然气是中短期内公路和水路货运交通重要的替代能源,未来应进一步理顺天然气定价机制,并配合使用空气污染物末端脱除装置,促进天然气的推广使用。长期而言,电力和氢能将是货运交通重要的替代能源,需要加速长距离、大载荷电动货车和氢燃料电池货车技术研发,推进充电桩、加氢站等配套设施的规划和建设,同时,鼓励使用岸电,实现港口机械电气化改造。此外,加快生物燃油技术攻关,促进航空和水路货运燃油清洁化。

4)货运能源利用效率提升

与轻型乘用车相比,货运交通工具的燃油经济性标准更新频率和力度相对较小,且物流组织管理欠缺,未来货运能源利用效率有待进一步挖掘。需要适当提高燃油经济性标准,开展货运站场和海港节能改造;强化信息化管理,有效提高客货运实载率;引导物流企业大型化、专业化转型,发展现代物流业。

5)排放标准提升

广州市一直率先实施机动车排放标准,已于2023年7月实施轻型汽车和重型柴油车国六排放标准6b阶段。未来,应适时推广至其他车型,实现全面实施国六排放标准;延续船舶排放控制区管理,提高水路运输排放标准;同时,积极促进航空、铁路运输空气污染物排放标准提升。

第8章 广州市交通系统可持续发展政策建议

1）科学引导和控制运输需求增长

（1）客运交通：优化城市空间布局,深化TOD发展模式;倡导远程办公和电话会议、视频会议;完善慢行交通系统,构建非机动化出行友好环境,减少机动化出行需求。实现到2035年客运需求较现有政策情景下降5%,能减少48%的二氧化碳排放以及58%~70%的空气污染物排放。

（2）货运交通：深化产业转型升级,有效降低货运强度;优化产业空间布局,合理布局物流集散地;发展现代物流业,实现货运企业大型化、专业化;优化物流组织形式,有效提高货运实载率。实现到2035年货运需求较现有政策情景下降5%~10%,能减少10%的二氧化碳和空气污染物排放。

2）进一步调整优化运输结构

（1）市内客运：大力发展城市公共交通,合理控制私家车出行。加速地铁、有轨电车规划和建设,提升城市轨道交通运能和覆盖率;进一步优化公交线网,合理发展定制公交;合理建设客运码头和航线,提升水上巴士服务质量;强化城市公共交通与城际客运的无缝衔接;研究实施远期中小客车总量调控指标缩减方案;全面实行分区域、分类型、分时段差别化停车收费;研究制定拥堵收费、低排区管理等政策。实现到2035年全市公共交通分担率达到70%以上,私家车保有量控制在450万辆以内,私家车年平均行驶里程较现状水平减少18%,较现有政策情景能减少12%~14%的二氧化碳和空气污染物排放。

（2）城际客运：以高速铁路和高速公路为主体,构筑城际快速客运交通网络。加快高铁基础设施建设,推进城际铁路网线规划建设,加速对外高速公路建设,推进各种客运交通方式之间、城市内外客运交通之间的有机衔接。到2035年,全市铁路和公路客运量占比分别达到45%和18%,较现有政策情景能实现20%的CO_2减排、21%~24%的NO_x和HC减排以及9%~12%的$PM_{2.5}$和SO_2减排。

（3）货运交通：大宗货物以水路和铁路为主要运输方式。进一步优化广州南沙港区、新沙港区、黄埔港区、内港港区功能布局,加快深水航道拓宽、内河航道扩能升级;加大铁路基础设施建设,完善铁路运输通道,升级铁路网密度和运输能力;强化集疏运网络建设,加强公铁、空铁、铁水、江海联运,推行货运"一单制"联运,实现多式联运,构建综合性现代货运体系。到2035年,全市水路和铁路货运量占比分别达到57%和20%,较现有政策情景能实现25%的

CO_2 减排、34%~45% 的 NO_x 和 HC 减排以及 1%~6% 的 $PM_{2.5}$ 和 SO_2 减排。

3) 积极推广燃料清洁化替代

大力发展电动车,推进充电桩等基础设施的规划和建设,在公共汽电车、出租汽车全面电动化基础上继续加快道路交通电动化进程,实现到 2035 年私家车电动化率达到 50% 以上,公路客/货运电动化率提升至 30%。有效推进天然气在公路和水路运输中的应用,配合使用空气污染物末端脱除装置,到 2035 年实现全市交通系统天然气消费占比达到 15%~20%。加速氢能和生物燃油技术研发,促进其在交通系统的规模化应用,到 2035 年实现氢燃料电池公共汽车、出租汽车、货车占比分别达到 10%~30%,生物燃油在航空和水路运输中的消费占比均达到 5%~10%。力争在 2030 年实现石油消费达峰,较现有政策情景能分别减少 7%~9% 的 CO_2 和 HC 排放,以及 20%~25% 的 NO_x、$PM_{2.5}$ 和 SO_2 排放。

4) 大力提升交通运输工具能源利用效率

强制性报废老旧交通工具,实施客/货运站场、空港、海港节能改造;引导交通运输企业向大型化、专业化方向发展,推广先进客/货运组织管理模式;强化信息技术和共享模式在交通系统的应用,提高交通运输的智慧化管理水平。实现到 2035 年全市交通运输工具综合能效较现状水平提升 20%,较现有政策情景能分别减少 3%~5% 的二氧化碳和空气污染物排放。

5) 有效提高交通运输工具的排放标准

继续严格执行轻型车国六 B 排放标准,适时推广至其他车型;积极促进航空运输工具空气污染物排放标准提升,强化排放标准实施管理;严格落实珠三角船舶排放控制区管理,进一步提高船舶排放标准。到 2035 年,全市道路运输车辆全部采用国六 B 排放标准,铁路、航空、水运运输工具空气污染物排放标准较现状水平分别提高 15%、10% 和 15%,实现交通系统较现有政策情景能分别减少 10% 左右的空气污染物排放。

6) 积极推进交通环境大数据辅助管理机制

以广州市交通运行综合监测与融合管理平台为基础,推动建设跨地域、跨部门、跨业务的交通大数据共享机制,结合交通、公安、环境等多部门数据,开展广州市交通运输能耗和排放监测方法研究,推进监测体系、方法、数据的标准化,构建全市交通运输能耗和排放监测平台,进一步提升交通运输发展的辅助决策能力和精细化管理水平,支撑广州市交通运输能耗和排放总量核算、目标规划、政策拟定和效益评价、路网能耗和排放清单制定及路网污染指数评价等,实现数据驱动的交通运输高质量发展。

参考文献

[1] 薛冰,任婉侠,马志孝,等.应对气候变化的协同效应研究综述[J].阅江学刊,2013,2:30-35.

[2] 肖希.澳门半岛高密度城区绿地系统评价指标与规划布局研究[D].重庆:重庆大学,2017.

[3] United Nations. World urbanization prospects:the 2009 revisions,population decision[R]. New York:United Nations Publications,2009:47.

[4] ATABANI A E,BADRUDDIN I A,MEKHILEF S,et al. A review on global fuel economy standards,labels and technologies in the transportation sector[J]. Renewable and Sustainable Energy Reviews,2011,15(9),4586-4610.

[5] International Energy Agency(IEA). Energy statistics data browser[DB/OL]. (2024-07-25)[2024-12-13]. https://www.iea.org/data-and-statistics.

[6] 国务院.空气质量持续改善行动计划[EB/OL].(2023-12-07)[2024-03-15]. https://www.gov.cn/zhengce/content/202312/content_6919000.html.

[7] 闫紫薇.中国交通碳排放的测算及其影响因素的空间计量分析[D].北京:北京交通大学,2018.

[8] IEA. How much CO_2 does China emit?[EB/OL]. (2024-08-02)[2024-12-15]. https://www.iea.org/countries/china/emissions.

[9] 张晓春,丘建栋,屈新明,等.深圳市交通排放污染物浓度特征与影响因素[J].深圳大学学报(理工版),2020(37):178-186.

[10] 中华人民共和国生态环境部.中国移动源环境管理年报(2022年)[EB/OL].(2022-12-07)[2023-08-20]. https://www.mee.gov.cn/hjzl/sthjzk/ydyhjgl/202212/t20221207_1007111.shtml.

[11] 广州市生态环境局.广州市2022年排放源统计公报[EB/OL].(2023-11-02)[2024-02-15]. https://sthjj.gz.gov.cn/attachment/7/7492/7492689/9298199.pdf.

[12] 广州市人民政府.广州市环境空气质量达标规划(2016—2025年)[EB/OL].(2017-12-29)[2023-08-25]. http://www.gz.gov.cn/zfjgzy/gzsrmzfbgt/zfxxgkml/bmwj/qtwj/content/post_4435609.html.

[13] Department of Transport. Decarbonising transport:a better,greener Britain[EB/OL]. (2023-01-12)[2023-12-20]. https://assets.publishing.service.gov.uk/.

[14] 李前喜.日本交通部门碳排放与低碳交通相关因素研究[J].环境与可持续发展,2013,38(6):120-122.

[15] CONNOLLY D,LUND H,MATHIESEN B V. Smart energy Europe:the technical and economic impact of one potential 100% renewable energy scenario for the European Union[J]. Renewable and Sustainable Energy Reviews,2016,60:1634-1653.

[16] CAROLINA G,LUAN S,DANIEL V F,et al. Energy transition scenarios in the transportation sector in Brazil:contributions from the electrical mobility[J]. Energy Policy, 2023,

174:113434.

[17] SELVAKKUMARAN S,LIMMEECHOKCHAI B. Low carbon society scenario analysis of transport sector of an emerging economy:the AIM/Enduse modelling approach[J]. Energy Policy, 2015,81:199-214.

[18] TATTINI J,GARGIULO M,KARLSSON K. Reaching carbon neutral transport sector in Denmark-Evidence from the incorporation of modal shift into the TIMES energy system modeling framework[J]. Energy Policy,2018,113:571-583.

[19] JOHANSSON B,AHMAN M. A comparison of technologies for carbon-neutral passenger transport[J]. Transportation Research Part D,2002,7:175-196.

[20] SCHLOTT S. The routes to carbon-neutral freight transport[J]. ATZ Electronics Worldwide, 2020,15(6):32-37.

[21] 朱跃中.中国交通运输部门中长期能源发展与碳排放情景设计及结果分析[J].中国能源,2001,11:25-27.

[22] 朱跃中,伊文婧,田智宇.重塑能源:中国——面向2050年能源消费和生产革命路线图(交通卷)[M].北京:中国科学技术出版社,2017.

[23] 刘俊伶,孙一赫,王克,等.中国交通部门中长期低碳发展路径研究[J].气候变化研究进展,2018,5:513-521.

[24] 刘建国,朱跃中."碳中和"目标下我国交通脱碳路径研究[J].中国能源,2021,(5):6-12.

[25] 谢伏瞻,庄国泰.应对气候变化报告(2021):碳达峰碳中和专辑[M].北京:社会科学文献出版社,2021:133-149.

[26] 黄莹,郭洪旭,廖翠萍,等.基于长期能源替代规划系统模型的粤港澳大湾区交通运输能源转型路径研究[J].科技管理研究,2021,41(12):209-218.

[27] 张海亮.山西省交通运输行业碳排放分析及"双碳"行动策略研究[J].生产力研究,2024,11:46-50.

[28] 张润森,张峻屹,吴文超,等.基于土地利用-交通-能源集成模型的城市交通低碳发展路径:以常州市为例[J].城市与区域规划研究,2020,12(2):57-73.

[29] 张文会,宋雅婧,付博,等.基于情景分析的城市客运交通碳排放测算——以哈尔滨为例[J].统计与决策,2024,23:183-188.

[30] SCHÄFER A,JACOBY H D. Technology detail in a multisector CGE model:transport under climate policy[J]. Energy Economics, 2005, 27(1):1-24.

[31] 马星,曾小舟,曾修彬.基于CGE模型的我国民用飞机政策影响分析[J].华东交通大学学报,2015,32(2):59-65.

[32] 邵帅,崔兴华.能源供给侧与消费侧碳排放的责任核算与驱动因素——基于"收入者责任"视角的考察[J].上海交通大学学报(哲学社会科学版),2024,32(1):81-100.

[33] SIALA K,DE LA RÚA C,LECHÓN Y,et al. Towards a sustainable European energy system: linking optimization models with multi-regional input-output analysis[J]. Energy Strategy Reviews,2019,26:100391.

[34] 丁乙,尹剑,姜洪涛,等.珠三角碳达峰系统动力学预测[J].环境工程,2023,41(7):22-29.

[35] 曹俊文,张钰玲.中国省域碳排放特征与碳减排路径研究[J].生态经济,2022,38(8):13-19.

[36] ERIC D L,WU Z X,DELAQUIL P,et al. Future implications of China's energy:technology choices[J]. Energy Policy,2003,31(12):1189-1204.

[37] 刘哲,曾维华.低碳技术发展路线图及优选模型研究综述[J].中国人口·资源与环境,2014,24(5):11-13.

[38] 胡秀莲,姜克隽.减排对策分析:AIM/能源排放模型[J].中国能源,1998,11:17-22.

[39] 池莉.基于LEAP模型的北京市未来客运交通能源需求和污染物排放预测[D].北京:北京交通大学,2014.

[40] 唐飞,陈文抗,石琴.基于LEAP模型的城市客运交通能耗和污染物排放预测[J].交通节能与环保,2015,6:31-36.

[41] 郭秀锐,刘芳熙,符立伟,等.基于LEAP模型的京津冀地区道路交通节能减排情景预测[J].北京工业大学学报,2017,43(11):1743-1749.

[42] European Environment Agency. Specific air pollutant emissions[R]. 2011.

[43] SMITH T,JALKANEN J,ANDERSON B,et al. Third LMO greenhouse gas study 2014[R]. 2015.

[44] ZHANG Q R,TONG P F,LIU M,et al. A WRF-Chem model-based future vehicle emission control policy simulation and assessment for the Beijing-Tianjin-Hebei region,China[J]. Journal of Environmental Management,2020,253:109751.

[45] SUN S,ZHAO G,WANG T,et al. Past and future trends of vehicle emissions in Tianjin,China,from 2000 to 2030[J]. Atmospheric Environment,2019,209:182-191.

[46] XIE Y,WU D S,ZHU S J. Can new energy vehicles subsidy curb the urban air pollution? Empirical evidence from pilot cities in China[J]. Science of the Total Environment,2021,754:142232.

[47] JIA S W. Economic,environmental,social,and health benefits of urban traffic emission reduction management strategies:case study of Beijing,China[J]. Sustainable Cities and Society,2021,67:102737.

[48] 袁韵,徐戈,陈晓红,等.城市交通拥堵与空气污染的交互影响机制研究[J].管理科学学报,2020,23(2):54-73.

[49] 刘莹,陈艳艳,程颖,等.基于交通指数的机动车污染物排放分析方法研究——以北京为例[J].北京工业大学学报,2017,43(3):422-427.

[50] GENDRON-CARRIER N,GONZALEZ-NAVARRO M,POLLONI S,et al. Subways and urban air pollution[J]. American Economic Journal-Applied Economics,2022,14(1):164-196.

[51] XIAO D,LI B X,CHENG S X. The effect of subway development on air pollution:evidence from China[J]. Journal of Cleaner Production,2020,275:124149.

[52] 李冰.基于系统动力学的机动车污染减排策略优化研究[D].郑州:河南农业大学,2023.

[53] 毛显强,曾桉,邢有凯,等.从理念到行动:温室气体与局地污染物减排的协同效益与协同控制研究综述[J].气候变化研究进展,2021,17(3):255-267.

[54] International Panel on Climate Change (IPCC). Climate change 2001:mitigation:contribution of Working Group Ⅲ to the Third Assessment Report of the Intergovernmental Panel on Climate Change[M]. Cambridge:Cambridge University Press,2001:80-88.

[55] IPCC. Climate change 2014:mitigation of climate change:Working Group Ⅲ contribution to the Fifth Assessment Report of the Intergovernmental Panel on Climate Change[M]. Cambridge:Cambridge University Press,2014:30-40.

[56] 薛冰.空气污染物与温室气体的协同防控[J].改革,2017,282:78-80.

[57] DHAR S,SHUKLA P R. Low carbon scenarios for transport in India:co-benefits analysis[J]. Energy Policy,2015,81:186-198.

[58] ALAM M S,HYDE B,DUFFY P,et al. Analysing the co-benefits of transport fleet and fuel policies in reducing $PM_{2.5}$ and CO_2 emissions[J]. Journal of Cleaner Production,2018,172:623-634.

[59] SAIDUR R,MAHLIA T M I. Impacts of energy efficiency standard on motor energy savings and emission reductions[J]. Clean Technologies and Environmental Policy,2011,13(1):103-109.

[60] RIBEIRO S K,ABREU A A D. Brazilian transport initiatives with GHG reductions as a co-benefit[J]. Climate Policy,2008,8(2):220-240.

[61] PANWAR M,SINGH D K,DEVADAS V. Analysis of environmental co-benefits of transportation sub-system of Delhi[J]. Alexandria Engineering Journal,2018,57:2649-2658.

[62] TIAN X,DAI H C,GENG Y,et al. Toward the 2-degree target:evaluating co-benefits of road transportation in China[J]. Journal of Transport & Health,2019,15:100674.

[63] LIU Y H,LIAO W Y,LI L,et al. Reduction measures for air pollutants and greenhouse gas in the transportation sector:a cost-benefit analysis[J]. Journal of Cleaner Production,2019,207:1023-1032.

[64] 李云燕,宋伊迪.碳中和目标下的北京城市道路移动源CO_2和大气污染物协同减排效应研究[J].中国环境管理,2021,21(3):113-120.

[65] GENG Y,MA Z,XUE B,et al. Co-benefit evaluation for urban public transportation sector—a case of Shenyang,China[J]. Journal of Cleaner Production,2013,58:82-91.

[66] JIAO J D,HUANG Y,LIAO C P. Co-benefits of reducing CO_2 and air pollutant emissions in the urban transport sector:a case of Guangzhou[J]. Energy for Sustainable Development,2020(59):131-143.

[67] 高玉冰,毛显强,CORSETTI G,等.城市交通大气污染物与温室气体协同控制效应评价:以乌鲁木齐市为例[J].中国环境科学,2014,34(11):2985-2992.

[68] 陆潘涛,韩亚龙,戴翰程.1.5℃和2℃目标下中国交通部门2050年的节能减排协同效应[J].北京大学学报(自然科学版),2021,57(3):517-528.

[69] 韩博,邓志强,于敬磊,等.碳达峰目标下中国民航CO_2与NO_x减排协同效应分析[J].交

通运输系统工程与信息,2022,22(4):53-62.

[70] 朱利,秦翠红.基于清洁能源替代的港口 SO_2 和 CO_2 协同减排研究[J].中国水运(下半月),2018,18(10):136-137.

[71] MAO X Q,YANG S Q,LIU Q,et al. Achieving CO_2 emission reduction and the co-benefits of local air pollution abatement in the transportation sector of China[J]. Environmental Science & Policy,2012,21:1-13.

[72] 邓红梅,梁巧梅,刘丽静.交通领域减污降碳协同控制研究回顾及展望[J].中国环境管理,2023,15(2):24-29.

[73] LIU Y H,LIAO W Y,LIN X F,et al. Assessment of co-benefits of vehicle emission reduction measures for 2015—2020 in the Pearl River Delta region,China[J]. Environmental Pollution,2017,223:62-72.

[74] ALIMUJIANG A,JIANG P. Synergy and co-benefits of reducing CO_2 and air pollutant emissions by promoting electric vehicles—a case of Shanghai[J]. Energy Sustain Dev,2020,55:181-190.

[75] 邱凯,耿宇,唐翀,等.昆明市交通领域减污降碳措施协同性研究[J].城市交通,2022,20(3):83-89.

[76] 杨儒浦,冯相昭,王敏,等.城市交通部门温室气体和大气污染物协同减排潜力分析——以唐山市为例[J].环境工程技术学报,2023,13(6):2033-2042.

[77] 毛显强,曾桉,胡涛,等.技术减排措施协同控制效应评价研究[J].中国人口·资源与环境,2011,21(12):1-7.

[78] 许光清,温敏露,冯相昭,等.城市道路车辆排放控制的协同效应评价[J].北京社会科学,2014,7:82-90.

[79] JIAO J D,HUANG Y,LIAO C P,et al. Sustainable development path research on urban transportation based on synergistic and cost-effective analysis:a case of Guangzhou[J]. Sustainable Cities and Society,2021,71:102950.

[80] 毛显强,邢有凯,高玉冰,等.温室气体与大气污染物协同控制效应评估与规划[J].中国环境科学,2021,41(7):3390-3398.

[81] 中共中央,国务院.粤港澳大湾区发展规划纲要[EB/OL].(2019-02-18)[2023-12-20]. https://www.gov.cn/zhengce/202203/content_3635372.html.

[82] 黄莹,郭洪旭,廖翠萍,等.基于LEAP模型的城市交通低碳发展路径研究——以广州市为例[J].气候变化研究进展,2019,15(6):670-683.

[83] 中华人民共和国生态环境部.道路机动车大气污染物排放清单编制技术指南(试行)[EB/OL].(2014-12-31)[2023-08-15]. https://www.mee.gov.cn/gkml/hbb/bgg/201501/W020150107594587831090.pdf.

[84] 中华人民共和国生态环境部.非道路移动源大气污染物排放清单编制技术指南(试行)[EB/OL].(2014-12-31)[2023-08-15]. https://www.mee.gov.cn/gkml/hbb/bgg/201501/W020150107594587960717.pdf.

[85] Stockholm Environment Institute. LEAP: The Low Emissions Analysis Platform[EB/OL].

(2014-01-15)[2024-8-30]https://leap.sei.org.

[86] 廖翠萍,赵黛青,黄莹.区域低碳发展规划方法研究——以广东省为例[M].北京:中国环境出版社,2015.

[87] 王培京,孟庆义,肖金玉,等.基于德尔菲法和情景分析的北京市农村生活污水处理工艺优选[J].环境科学学报,2022,42(5):22-29.

[88] 赵曼仪,王科.减污降碳协同效应综合评估的研究综述与展望[J].中国人口·资源与环境,2024,34(2):58-69.

[89] 宇恒可持续交通研究中心,世界资源研究所,绿色创新发展中心等.城市交通大气污染物与温室气体协同控制技术指南(1.0版)[EB/OL].(2019-12-12)[2024-03-05]. https://www.efchina.org/Reports-zh/report-lccp-20191212-zh.

[90] MORRIS J,PALTSEV S,REILLY J M. Marginal abatement costs and marginal welfare costs for greenhouse gas emissions reductions: results from the EPPA model[J]. Environmental Modeling & Assessment,2012,17(4):325.

[91] 刘耕源,郭丽思,陈钰,等.城市碳中和措施的边际减排成本分析——以北京市为例[J].北京师范大学学报(自然科学版),2023,59(2):249-259.

[92] Mckinsey Company. Pathways to a low-carbon economy: version 2 of the global greenhouse gas abatement cost curve[R/OL].(2013-09-01)[2023-05-06]. https://www.mckinsey.com/capabilities/sustainability/our-insights/pathways-to-a-low-carbon-economy.

[93] Mckinsey Company. Impact of the financial crisis on carbon economics: version 2.1 of the global greenhouse gas abatement cost curve[R/OL].(2010-01-01)[2023-05-06]. https://www.mckinsey.com/capabilities/sustainability/our-insights/impact-of-the-financial-crisis-on-carbon-economics-version-21.

[94] 刘慧成,武学,唐进,等.基于MACC模型的中国建筑领域低碳技术减排潜力和成本研究[J].建筑科学,2023,39(12):1-9.

[95] 中国民用航空局.2023年全国民用运输机场生产统计公报[EB/OL].(2024-03-20)[2024-04-08]. https://www.caac.gov.cn/XXGK/XXGK/TJSJ/202403/t20240320_223261.html.

[96] 广州市港务局.广州市港务局召开2024年工作会议[EB/OL].(2024-02-08)[2024-04-08]. https://gwj.gz.gov.cn/ghzt/hygk/content/post_9491846.html.

[97] 广州市人民政府办公厅.广州市中小客车总量调控管理试行办法的通知[EB/OL].(2012-07-31)[2024-04-10]. https://www.gz.gov.cn/zwgk/fggw/sfbgtwj/content/post_4758663.html.

[98] 广州市公安局交警支队.广州市公安局交警支队关于非广州市籍中小客车通行管理措施的通告[EB/OL].(2018-07-01)[2024-04-12]. https://www.gz.gov.cn/gfxwj/sbmgfxwj/gzsgaj/gzsgajjjzd/content/post_5486853.html.

[99] U S Environmental Protection Agency. User's guide to MOBILE6.1 and MOBILE6.2: mobile source emission factor model[R]. EPA,US,2002.

[100] 李潭峰.上海市机动车排放因子及排放总量研究[D].上海:同济大学,2004.

[101] California Air Resource Board. EMFAC user's guide[R]. CARB,US,2002.

[102] Hong Kong Environmental Protection Department. Guideline on modelling vehicle emissions[R]. HK:EPD,2005.

[103] EEA. COPERT computer programme to calculate emissions from road transport methodology and emission factors (Version 211)[R]. Copenhagen,2000.

[104] 孙志超,李梦月,姚岢,等.基于COPERT模型的城市道路交通能耗排放分析[J].甘肃科学学报,2022,34(5):100-105.

[105] 朱永璇,何流,郭唐仪.基于交通流-HBEFA因子的典型路段排放特性研究——以深圳市为例[J].交通运输研究,2021,7(4):67-74.

[106] 何巍楠,刘莹,孙胜阳,等.基于HBEFA的城市交通温室气体排放模型——以北京本地化建模为例[J].交通运输系统工程与信息,2014,14(4):222-229.

[107] BARTH M,AN F,YONGLOVE T,et al. Comprehensive Modal Emissions Model (CMEM) user's guide[R]. University of California Riverside,2000.

[108] 何春玉,王岐东.运用CMEM模型计算北京市机动车排放因子[J].环境科学研究,2006,19(1):109-112.

[109] RAKHA H,AHN K,TRANI A. Comparison of MOBILE5a, MOBILE6, VT-MICRO, and CMEM models for estimating hot-stabilized light-duty gasoline vehicle emissions[J]. Canadian Journal of Civil Engineering,2003,30:1010-1021.

[110] 单肖年,刘皓冰,张小丽,等.基于MOVES模型本地化的轻型车排放因子估计方法[J].同济大学学报(自然科学版),2021,49(8):1135-1143.

[111] 巴兴强,徐孟发,李洪涛.基于MOVES的城市道路交叉口组织优化排放分析[J].重庆理工大学学报(自然科学版),2018,32(6):115-121.

[112] University of California at Riverside. IVE model user's manual version 1.1.1[R]. University of California,2004.

[113] 唐伟,何平,杨强,等.基于IVE模型和大数据分析的杭州市道路移动源主要温室气体排放清单研究[J].环境科学学报,2018,38(4):1368-1376.

[114] 广州市交通运输局.广州市交通运输"十四五"规划[EB/OL].(2021-10-08)[2024-04-05]. https://jtj.gz.gov.cn/gkmlpt/content/7/7822/post_7822197.html#14311.

[115] 中国汽车工程学会.节能与新能源汽车技术路线图2.0[M].北京:机械工业出版社,2021.

[116] 国务院办公厅.新能源汽车产业发展规划(2021—2035年)[EB/OL].(2020-11-02)[2024-04-08]. https://www.gov.cn/zhengce/content/2020-11/02/content_5556716.html.

[117] 中共广州市委,广州市人民政府.中共广州市委 广州市人民政府关于完整准确全面贯彻新发展理念 推进碳达峰碳中和工作的实施意见[EB/OL].(2023-02-21)[2024-05-05]. https://www.gz.gov.cn/zwgk/ghjh/zxgh/content/mpost_8814282.html.

[118] 广州市人民政府.国家碳达峰试点(广州)实施方案[EB/OL].(2024-07-12)[2024-09-01]. https://www.gz.gov.cn/zwgk/fggw/szfwj/content/post_9757513.html.

[119] 交通运输部.关于推进水运行业应用液化天然气的指导意见[EB/OL].(2013-10-23)

[2024-08-15]. https://www.gov.cn/gongbao/content/2013/content_2547150.html.

[120] 交通运输部办公厅. 交通运输部办公厅征求《关于深入推进水运行业应用液化天然气的意见(征求意见稿)》意见的函[EB/OL]. (2020-06-23)[2024-12-22]. https://xxgk.mot.gov.cn/2020/jigou/syj/202006/t20200623_3314592.html.

[121] 广东省人民政府办公厅. 广东省综合交通运输体系"十四五"发展规划[EB/OL]. (2021-09-30)[2023-12-12]. https://td.gd.gov.cn/gkmlpt/content/3/3555/mpost_3555521.html#1479.

[122] 广东省人民政府办公厅. 广东省交通运输节能减排"十二五"发展规划[EB/OL]. (2012-09-29)[2023-12-15]. https://www.gd.gov.cn/zwgk/gongbao/2012/32/content/post_3363747.html.

[123] 广东省交通运输厅. 广东省交通运输节能减排"十三五"发展规划[EB/OL]. (2016-11-21)[2023-11-14]. https://td.gd.gov.cn/attachment/0/215/215079/2621978.pdf.

[124] 张清,陶小马,杨鹏. 特大型城市客运交通碳排放与减排对策研究[J]. 中国人口·资源与环境,2012,22:35-42.

[125] 广州市规划和自然资源局. 广州市综合交通体系规划(2023—2035年)[EB/OL]. (2024-11-18)[2024-12-10]. https://ghzyj.gz.gov.cn/gkmlpt/content/9/9980/post_9980733.html#937.

[126] 张陶新,周跃云,赵先超. 中国城市低碳交通建设的现状与途径分析[J]. 城市发展研究,2011,18(1):68-73.

[127] LAJUNEN A,LIPMAN T. Lifecycle cost assessment and carbon dioxide emissions of diesel, natural gas, hybrid electric, fuel cell hybrid and electric transit buses[J]. Energy,2016, 106:329-342.

[128] ERCAN T,ONAT N C,TATARI O. Investigating carbon footprint reduction potential of public transportation in United States: a system dynamics approach[J]. Journal of Cleaner Production,2016,133:1260-1276.

[129] 广州市人民政府. 广州市新能源汽车发展工作方案(2017—2020年)[EB/OL]. (2017-11-03)[2023-10-10]. https://www.gz.gov.cn/zwgk/fggw/sfbgtwj/content/post_4758629.html.

[130] 广州市交通运输局. 广州市推进公交电动化工作方案[R]. 2017.

[131] CANALS CASALS L,MARTINEZ-LASERNA E,GARCÍA BA,et al. Sustainability analysis of the electric vehicle use in Europe for CO_2 emissions reduction[J]. Journal of Cleaner Production,2016,127:425-437.

[132] LIU D,XU L L,SADIA U H,et al. Evaluating the CO_2 emission reduction effect of China's battery electric vehicle promotion efforts[J]. Atmospheric Pollution Research,2021,12:101115.

[133] 广州市新能源汽车发展工作领导小组办公室. 广州市推动新能源汽车发展若干意见[EB/OL]. (2018-07-19)[2023-09-08]. https://fgw.gz.gov.cn/zfxxgk/zfxxgkml/zfxxgkml/bmwj/qtwj/content/post_3884239.html.

[134] 广州市新能源汽车发展工作领导小组办公室. 广州市鼓励支持个人领域新能源汽车推广应用工作指引[EB/OL]. (2023-03-31)[2023-10-15]. https://fgw.gz.gov.cn/tzgg/content/post_8900353.html.

[135] MIJAILOVIĆ R. The optimal lifetime of passenger cars based on minimization of CO_2 emission[J]. Energy,2013,55:869-878.

[136] ZERVAS E,LAZAROU C. Influence of European passenger cars weight to exhaust CO_2 emissions[J]. Energy Policy,2008,36:248-257.

[137] CHEAH L,HEYWOOD J. Meeting U. S. passenger vehicle fuel economy standards in 2016 and beyond[J]. Energy Policy,2011,39:454-466.

[138] MAGUETA D,MADALENO M,FERREIRA DIAS M,et al. New cars and emissions:effects of policies,macroeconomic impacts and cities characteristics in Portugal[J]. Journal of Cleaner Production,2018,181:178-191.

[139] LITMAN T. Parking pricing implementation guidelines[R]. 2021.

[140] LEE J B,AGDAS D,BAKER D. Cruising for parking:new empirical evidence and influential factors on cruising time[J]. Journal of Transport and Land Use,2017,10:931-943.

[141] YANG J,LIU Y,QIN P,et al. A review of Beijing's vehicle registration lottery:short-term effects on vehicle growth and fuel consumption[J]. Energy Policy,2014,75:157-166.

[142] 赵峰侠,徐明,齐晔. 北京市汽车限行的环境和经济效益分析[J]. 生态经济,2010,12:40-44.

[143] CHEN Y Y,JIN G Z,KUMAR N,et al. The promise of Beijing:evaluating the impact of the 2008 Olympic Games on air quality[J]. Journal of Environmental Economics and Management,2013,66:424-443.

[144] YANG J,LIU A A,QIN P,et al. The effect of vehicle ownership restrictions on travel behavior:evidence from the Beijing license plate lottery[J]. Journal of Environmental Economics Management,2020,99:102269.

[145] 广州市人民政府办公厅. 广州市小客车指标调控管理办法[EB/OL]. (2024-05-29)[2024-06-18]. https://www.gz.gov.cn/gfxwj/szfgfxwj/gzsrmzfbgt/content/mpost_9680597.html.

[146] AKERMAN J. The role of high-speed rail in mitigating climate change-the Swedish case Europabanan from a life cycle perspective[J]. Transportation Research Part D:Transport and Environment,2011,16:208-217.

[147] 闫枫. 京津城际高速铁路综合效益分析研究[D]. 北京:北京交通大学,2016.

[148] PRUSSI M,LONZA L. Passenger aviation and high speed rail:a comparison of emissions profiles on selected European routes[J]. Journal of Advanced Transportation,2018(PT.3):1-10.

[149] 广州市自然资源局. 广州市国土空间总体规划(2018—2035年)[EB/OL]. (2019-06-13)[2023-12-05]. https://ghzyj.gz.gov.cn/zwgk/ztzl/gtkjgh/gzxx/content/post_6484475.html.

[150] CHEN H,HE J J,ZHONG X L. Engine combustion and emission fuelled with natural gas:a review[J]. Journal of the Energy Institute,2019,92:1123-1136.

[151] HAWKINS T R,GAUSEN O M,STREMMAN A H. Environmental impacts of hybrid and electric vehicles-a review[J]. International Journal of Life Cycle Assessment,2012,17(8):997-1014.

[152] CARRILERO I,GONZÁLEZ M,ANSEÁN D,et al. Redesigning european public transport: impact of new battery technologies in the design of electric bus fleets[J]. Transportation Research Procedia,2018,33:195-202.

[153] 广州市发展和改革委员会. 广州市氢能产业发展规划(2019—2030 年)[EB/OL]. (2020-07-03)[2023-05-09]. http://fgw.gz.gov.cn/gkmlpt/content/6/6477/post_6477212.html#481.

[154] GRAVER B,RUTHERFORD D,ZHENG S. CO_2 emissions from commercial aviation 2013, 2018 and 2019[EB/OL]. (2020-10-08)[2023-06-07]. https://theicct.org/publication/co2-emissions-from-commercial-aviation-2013-2018-and-2019/.

[155] LIM J H K,GAN Y Y,ONG H C,et al. Utilization of microalgae for bio-jet fuel production in the aviation sector:challenges and perspective[J]. Renewable and Sustainable Energy Reviews,2021,149:111396.

[156] MOORE R H,SHOOK M,BEYERSDORF A,et al. Influence of jet fuel composition on aircraft engine emissions:a synthesis of aerosol emissions data from the NASA APEX,AAFEX, and ACCESS missions[J]. Energy & Fuels,2015,29:2591-2600.

[157] MICHAELOWA A,KRAUSE K. International maritime transport and climate policy[J]. Intereconomics,2000,35(3):127-136.

[158] 于连玉,刘卫,刘星,等. 双碳背景下铁路货车碳排放核算方法探讨[J]. 铁道车辆, 2024,62(6):106-112.

[159] 广州市人民政府办公厅. 广州综合交通枢纽总体规划(2018—2035 年)[EB/OL]. (2019-01-10)[2023-08-09]. https://www.gz.gov.cn/zfjgzy/gzsrmzfbgt/zfxxgkml/bmwj/qtwj/content/mpost_4435556.html.

[160] 刘蓉. 公路货运大型化及经济性分析[J]. 价值工程,2016,35:3-4.

[161] KLUSCHKE P,GNANN T,PLÖTZ P,et al. Market diffusion of alternative fuels and powertrains in heavy-duty vehicles:a literature review[J]. Energy Reports,2019,5:1010-1024.

[162] HAO H,LIU Z W,ZHAO F Q,et al. Natural gas as vehicle fuel in China:a review [J]. Renewable and Sustainable Energy Reviews,2016,62:521-533.

[163] 广东省生态环境厅,广东省发展和改革委员会. 广东省柴油货车污染治理攻坚战实施方案[EB/OL]. (2019-10-09)[2024-05-05]. https://sthjj.gz.gov.cn/zwgk/fgybz/gdshbfgyzcwj/content/post_5798150.html.

[164] SAFARI M. Battery electric vehicles:looking behind to move forward[J]. Energy Policy, 2018,115:54-65.

[165] LIU Z C,SONG Z Q. Dynamic charging infrastructure deployment for plug-in hybrid electric trucks [J]. Transportation Research Part C:Emerging Technologies,2018,95:748-772.

[166] ZHANG Y,YU Y,ZOU B. Analyzing public awareness and acceptance of alternative fuel vehicles in China:the case of EV[J]. Energy Policy,2011,39:7015-7024.

[167] BALCOMBE P,BRIERLEY J,LEWIS C,et al. How to decarbonise international shipping: options for fuels, technologies and policies[J]. Energy Conversion and Managment,2019,

182:72-88.

[168] 广东省人民政府办公厅. 广东省提升内河航运能力和推动内河航运绿色发展总体分工方案[EB/OL]. (2021-08-20)[2023-05-09]. https://www.gd.gov.cn/zwgk/zcjd/mtjd/content/post_3493316.html.

[169] 广东省发展和改革委员会,广东省科学技术厅,广东省工业和信息化厅,等. 广东省加快氢能产业创新发展的意见[EB/OL]. (2023-11-06)[2024-01-30]. http://drc.gd.gov.cn/ywtz/content/post_4274976.html.

[170] MUSSATTO S I, MOTTA I L, FILHO R M, et al. Sustainable aviation fuels: production, use and impact on decarbonization[J]. Comprehensive Renewable Energy (Second Edition), 2022, 5:348-371.

[171] European Aviation Safety Agency. European aviation environmental report 2019[EB/OL]. (2019-01-29)[2023-06-23]. https://trimis.ec.europa.eu/documents/european-aviation-environmental-report-2019.

[172] MOORE R H, THORNHILL K L, WEINZIERL B, et al. Biofuel blending reduces particle emissions from aircraft engines at cruise conditions[J]. Nature, 2017, 543:411-415.

[173] International Maritime Organization. UN body adopts climate change strategy for shipping[EB/OL]. (2018-04-13)[2023-07-16]. https://www.imo.org/en/MediaCentre/PressBriefings/Pages/06GHGinitialstrategy.aspx.

[174] SONG W W, HE K B, WANG J X, et al. Emissions of EC, OC, and PAHs from cottonseed oil biodiesel in a heavy-duty diesel engine[J]. Environmental Science & Technology, 2011, 45(15):6683.

[175] TOLLEFSEN P, RYPDAL K, TORVANGER A, et al. Air pollution policies in Europe: efficiency gains from integrating climate effects with damage costs to health and crops[J]. Environmental Science & Policy, 2009, 12(7):870-881.

[176] 全国人民代表大会常务委员会. 中华人民共和国环境保护税法[S/OL]. (2018-11-14)[2023-08-11]. http://www.mee.gov.cn/ywgz/fgbz/fl/201811/t20181114_673632.html.

[177] 广东省生态环境厅. 广东省企业(单位)二氧化碳排放信息报告指南(2022年修订)[EB/OL]. (2022-03-04)[2023-10-19]. http://gdee.gd.gov.cn/attachment/0/483/483550/3836527.pdf.

[178] IPCC. 2019 Refinement to the 2006 IPCC Guidelines for National Greenhouse Gas Inventories Volume 2 Energy[R]. 2019.

[179] 张骥翼,吴立宏,万超. 高铁盈亏平衡分析法的探究与思考[J]. 中国铁路, 2019, 6:1-6.

[180] 张鹏鹏. 高速公路运营成本控制研究[D]. 蚌埠:安徽财经大学, 2019.

[181] 汪瑜. 民用飞机直接运营成本计算方法经济性分析[J]. 交通企业管理, 2015, 30:65-68.

[182] 刘婷. 地铁运营成本指标分析与控制研究[J]. 财会学习, 2020, 3:137-139.

[183] 朱青. 我国液体生物燃料的经济性研究[J]. 当代石油石化, 2017, 25:5-10.

[184] 方红燕. 先进发动机全生命周期技术经济成本研究[D]. 长春:吉林大学, 2018.

索 引

B

边际减排成本 Marginal Abatement Cost ……………………………………… 22, 148
边际减排成本曲线 Marginal Abatement Cost Curve ……………………………… 23, 149

C

城市交通系统 Urban transportation system ……………………………………… 16

D

德尔菲法 Delphi method ……………………………………………………… 21
低排放分析平台 Low emissions analysis platform ……………………………… 19

J

减排量弹性系数 Elasticity coefficient of emission reduction …………………… 22, 129

K

卡雅公式 Kaya identity ………………………………………………………… 19
可持续发展 Sustainable development …………………………………………… 1
空气污染物排放 Air pollutant emission ………………………………………… 17

M

敏感度分析 Sensitive analysis ………………………………………………… 146

Q

起飞着陆循环 Landing and takeoff ……………………………………………… 18
情景分析法 Scenario analysis method …………………………………………… 20

T

碳排放 Carbon emission ………………………………………………………… 16

X

协同控制效应坐标系 Coordinate system of coordinate control effects …………… 130
协同效应 Co-benefits …………………………………………………………… 9, 21